大方廣佛華嚴經

일러두기

1. 『대방광불화엄경 강설』 원문原文의 저본底本은 근세에 교정이 가장 잘 되었다고 정평이 나 있는 대만臺灣의 불타교육기금회佛陀敎育基金會에서 출판한 『화엄경소초華嚴經疏鈔』본입니다.

2. 『대방광불화엄경 강설』은 실차난타實叉難陀가 695년부터 699년까지 4년에 걸쳐 번역해 낸 80권본卷本 『대방광불화엄경』을 우리말로 옮기고 강설을 붙인 것입니다.

3. 『대방광불화엄경』은 애초 산스크리트에서 한역漢譯된 경전이지만 현재 산스크리트본은 소실된 상태입니다. 산스크리트를 음차한 경우 굳이 원래 소리를 표기하려고 하기보다는 『표준국어대사전』이나 『불교사전』 등에 등재된 한자음을 사용하는 것을 원칙으로 하였습니다.

4. 경문의 한글 번역은 동국역경원본을 참고하여 그대로 또는 첨삭을 하며 의미대로 번역하고 다듬었습니다.

5. 각 품마다 내용에 따라 단락을 나누고 제목을 달았습니다. 단락의 제목은 주로 청량淸凉스님의 견해에 기초하였고 이통현李通玄장자의 견해를 참고로 하였습니다.

6. 『대방광불화엄경 강설』의 발행 순서는 한역 경전의 편재 순서를 기준으로 하였고 각 권은 단행본 한 권씩으로 출간될 예정이며 모두 80권으로 완간됩니다. 다만 80권본에 빠져 있는 「보현행원품」은 80권본 완역 및 강설 후 시리즈에 포함돼 추가될 예정입니다.

7. 『대방광불화엄경 강설』 안에서 불교용어를 풀이한 것은 운허스님이 저술하고 동국역경원에서 편찬한 『불교사전』을 인용하였습니다.

8. 각주의 청량스님의 소疏는 대만에서 입력한 大方廣佛華嚴經 사이트의 것을 사용하였습니다.

9. 『대방광불화엄경 강설』 입법계품에 들어가는 문수지남도는 북송北宋시대 불국佛國 선사가 선재동자가 53명의 선지식을 친견하여 법을 구하는 장면을 하나하나 그림으로 그린 것입니다.

대방광불화엄경 강설
제 11 권

六. 비로자나품 毘盧遮那品

실차난타 實叉難陀 한역
무비스님 강설

서문

 부처님의 몸은 우주법계에 충만해 있습니다. 그래서 일체 중생들 앞에 널리 나타나 있습니다. 또한 산천초목과 삼라만상이 그대로 청정법신 비로자나불입니다. 그렇다면 다시 또 어디에서 무슨 비로자나 부처님을 설명해야 하겠습니까?

 아닙니다. 산천초목과 삼라만상이 그대로 청정법신 비로자나불이기 때문에 그 삼라만상 부처님 한 분 한 분을 설명해야 할 내용이 그렇게 많습니다. 이 우주 만유만큼이나 많습니다. 우주 만유의 역사만큼이나 그 역사 또한 오랩니다. 그래서 그 멀고 먼 우주 만유의 역사를 더듬어 가듯이 비로자나 부처님의 역사를 읽어 나갑니다.

 비로자나 부처님의 역사뿐만이 아닙니다. 물 한 방울의 역사가 그렇고, 바람 한줄기의 역사가 그렇고, 나뭇잎 하나의 역사가 그렇고, 풀 한 포기의 역사가 그렇고, 무심한 돌

멩이 하나의 역사가 그렇습니다. 하물며 천지 사이와 만물 가운데 오직 사람이 존귀하다는 사람의 역사와 사람 마음의 역사야 일러 무엇하겠습니까?

영겁 이전으로 거슬러 올라가서 그 오래고 오랜 비로자나 부처님의 역사를 읽는 일입니다. 비로자나 부처님의 역사와 함께 풀 한 포기, 나무 한 그루 그리고 우리들 한 사람 한 사람의 역사를 읽는 일입니다. 나아가서 찰나에 생겨나고 찰나에 소멸하는 마음의 역사를 읽는 일입니다.

일천 개의 태양처럼 지혜의 눈을 크게 뜨고 그 길고 오랜 역사를 잘 읽어야 하겠습니다.

나무 청정법신 비로자나불
나무 청정법신 비로자나불
나무 청정법신 비로자나불

2014년 7월 15일

신라 화엄종찰 금정산 범어사

如天 無比

대방광불화엄경 목차

제1권	1. 세주묘엄품世主妙嚴品 [1]	제18권	18. 명법품明法品
제2권	1. 세주묘엄품世主妙嚴品 [2]	제19권	19. 승야마천궁품昇夜摩天宮品
제3권	1. 세주묘엄품世主妙嚴品 [3]		20. 야마천궁게찬품夜摩天宮偈讚品
제4권	1. 세주묘엄품世主妙嚴品 [4]		21. 십행품十行品 [1]
제5권	1. 세주묘엄품世主妙嚴品 [5]	제20권	21. 십행품十行品 [2]
제6권	2. 여래현상품如來現相品	제21권	22. 십무진장품十無盡藏品
제7권	3. 보현삼매품普賢三昧品	제22권	23. 승도솔천궁품昇兜率天宮品
	4. 세계성취품世界成就品	제23권	24. 도솔궁중게찬품兜率宮中偈讚品
제8권	5. 화장세계품華藏世界品 [1]		25. 십회향품十廻向品 [1]
제9권	5. 화장세계품華藏世界品 [2]	제24권	25. 십회향품十廻向品 [2]
제10권	5. 화장세계품華藏世界品 [3]	제25권	25. 십회향품十廻向品 [3]
제11권	**6. 비로자나품毘盧遮那品**	제26권	25. 십회향품十廻向品 [4]
제12권	7. 여래명호품如來名號品	제27권	25. 십회향품十廻向品 [5]
	8. 사성제품四聖諦品	제28권	25. 십회향품十廻向品 [6]
제13권	9. 광명각품光明覺品	제29권	25. 십회향품十廻向品 [7]
	10. 보살문명품菩薩問明品	제30권	25. 십회향품十廻向品 [8]
제14권	11. 정행품淨行品	제31권	25. 십회향품十廻向品 [9]
	12. 현수품賢首品 [1]	제32권	25. 십회향품十廻向品 [10]
제15권	12. 현수품賢首品 [2]	제33권	25. 십회향품十廻向品 [11]
제16권	13. 승수미산정품昇須彌山頂品	제34권	26. 십지품十地品 [1]
	14. 수미정상게찬품須彌頂上偈讚品	제35권	26. 십지품十地品 [2]
	15. 십주품十住品	제36권	26. 십지품十地品 [3]
제17권	16. 범행품梵行品	제37권	26. 십지품十地品 [4]
	17. 초발심공덕품初發心功德品	제38권	26. 십지품十地品 [5]

제39권	26. 십지품+地品 [6]	제58권	38. 이세간품離世間品 [6]
제40권	27. 십정품+定品 [1]	제59권	38. 이세간품離世間品 [7]
제41권	27. 십정품+定品 [2]	제60권	39. 입법계품入法界品 [1]
제42권	27. 십정품+定品 [3]	제61권	39. 입법계품入法界品 [2]
제43권	27. 십정품+定品 [4]	제62권	39. 입법계품入法界品 [3]
제44권	28. 십통품+通品	제63권	39. 입법계품入法界品 [4]
	29. 십인품+忍品	제64권	39. 입법계품入法界品 [5]
제45권	30. 아승지품阿僧祇品	제65권	39. 입법계품入法界品 [6]
	31. 여래수량품如來壽量品	제66권	39. 입법계품入法界品 [7]
	32. 보살주처품菩薩住處品	제67권	39. 입법계품入法界品 [8]
제46권	33. 불부사의법품佛不思議法品 [1]	제68권	39. 입법계품入法界品 [9]
제47권	33. 불부사의법품佛不思議法品 [2]	제69권	39. 입법계품入法界品 [10]
제48권	34. 여래십신상해품如來+身相海品	제70권	39. 입법계품入法界品 [11]
	35. 여래수호광명공덕품如來隨好光明功德品	제71권	39. 입법계품入法界品 [12]
제49권	36. 보현행품普賢行品	제72권	39. 입법계품入法界品 [13]
제50권	37. 여래출현품如來出現品 [1]	제73권	39. 입법계품入法界品 [14]
제51권	37. 여래출현품如來出現品 [2]	제74권	39. 입법계품入法界品 [15]
제52권	37. 여래출현품如來出現品 [3]	제75권	39. 입법계품入法界品 [16]
제53권	38. 이세간품離世間品 [1]	제76권	39. 입법계품入法界品 [17]
제54권	38. 이세간품離世間品 [2]	제77권	39. 입법계품入法界品 [18]
제55권	38. 이세간품離世間品 [3]	제78권	39. 입법계품入法界品 [19]
제56권	38. 이세간품離世間品 [4]	제79권	39. 입법계품入法界品 [20]
제57권	38. 이세간품離世間品 [5]	제80권	39. 입법계품入法界品 [21]
		제81권	40. 보현행원품普賢行願品

대방광불화엄경 강설 제11권

六. 비로자나품 毘盧遮那品

1. 과거의 본사인연

  1) 본사인연의 겁과 세계해 ················· 16

  2) 본사인연의 처소 ························· 17

    (1) 승음세계 ··························· 17

    (2) 향수해 ····························· 19

    (3) 대림의 장엄 ······················· 20

    (4) 대성의 장엄 ······················· 22

    (5) 백만억의 성 ······················· 26

    (6) 도량의 장엄 ······················· 28

    (7) 큰 연꽃 ···························· 29

2. 제1 부처님의 출현

  1) 부처님의 명호 ························· 32

  2) 상서 ···································· 34

3) 연꽃에서 출현하다 ·· 36
4) 광명을 놓다 ·· 40
5) 대중들의 운집 ·· 42
6) 대위광태자 ·· 43
7) 태자의 득법 ·· 45
8) 태자의 찬불 ·· 50
  (1) 부처님의 출현 ·· 50
  (2) 부처님의 공덕 ·· 52
  (3) 일체 중생의 귀의 ·· 55
9) 희견선혜왕의 게송 ·· 57
  (1) 부왕의 환희 ·· 57
  (2) 북을 쳐서 부처님을 친견하다 ································ 58
  (3) 공양구 준비 ·· 60
  (4) 세존을 친견하다 ·· 65
10) 함께 부처님께 나아가다 ·· 66
11) 십부의 제왕 ·· 68
12) 부처님의 설법 ·· 71
  (1) 경을 설하다 ·· 71
  (2) 대위광보살의 득법 ··· 72
  (3) 대위광보살의 게송 ··· 79
    1〉 광명의 주체 ·· 79
    2〉 광명의 원인 ·· 80

3〉 광명의 결과 ················· 85
　　　4〉 발원 ······················· 86
　　(4) 대위광보살의 교화 ················· 87
　　(5) 부처님의 게송 ···················· 90
　　　1〉 발심을 찬탄하다 ················ 91
　　　2〉 낮은 것과 수승한 것 ············· 93
　　　3〉 가피와 지혜 ··················· 96
　　　4〉 한 사람의 수행과 미진수 중생 ········ 97

3. 제2 부처님의 출현

1) 부처님의 명호 ······················· 99
2) 대위광동자의 득법 ··················· 101
3) 대위광동자의 게송 ··················· 104
　(1) 친견하고 기뻐함 ··················· 105
　(2) 부처님의 덕을 찬탄하다 ·············· 106
　(3) 귀의를 권청함 ···················· 112
　(4) 무량중생 발보리심 ················· 113
4) 부처님이 경을 설함 ·················· 114
5) 경을 듣고 이익을 얻다 ················ 116
6) 부처님이 게송을 설하다 ··············· 120
　(1) 수승한 덕을 찬탄하다 ··············· 120
　(2) 부처님과 같은 수행 ················ 124

4. 제3 부처님의 출현

1) 전륜왕 ··· 127

2) 제3 여래의 출현 ································ 128

3) 부처님이 경을 설하다 ······················ 130

4) 대위광보살의 삼매 ··························· 131

5) 부처님이 게송을 설하다 ··················· 133

   (1) 보리심을 갖추다 ························· 133

   (2) 부처님의 경계에 들어가다 ·········· 136

   (3) 불과의 모습 ································ 139

   (4) 이타를 찬탄하다 ·························· 140

5. 제4 부처님의 출현

1) 부처님의 명호 ··································· 142

2) 큰 천왕이 되다 ································· 143

3) 부처님께 공양하다 ··························· 144

4) 부처님이 경을 설하다 ······················ 145

5) 삼매를 얻다 ······································· 146

대방광불화엄경 강설

제11권

六. 비로자나품

불교에서는 수많은 부처님을 이야기한다. 역사상에 등장하였던 세존으로부터 법신불, 보신불, 화신불, 지혜신, 복덕신, 업보신, 아미타불, 미륵불 등등이 그것이다. 그 모든 부처님을 아우르며 그 모든 부처님의 근본이 되는 부처님이 곧 청정법신 비로자나불이다. 이처럼 많은 의미를 함유하고 있는 부처님이므로 그를 인격화하고 불격화佛格化하여 설명하려면 구원겁 이전의 이야기부터 시작해야 한다.

지나간 세상, 말로는 이루 다 설명할 수 없는 오랜 겁 전에 승음勝音세계가 있었다. 그 세계에는 일체공덕산수미승운一切功德山須彌勝雲이라는 부처님이 계셨는데, 그 나라에 대위광태자大威光太子가 있어서 부처님을 섬기면서 온갖 불법을 닦아 익혔다. 태자는 여러 생을 거듭하면서 여러 부처님을 섬겨 불법을 수행한 뒤 결국 성불하게 되는데 그가 곧 비로자나 부처님이라는 이야기이다.

화엄경은 7처에서 9회에 걸쳐 설해졌는데 비로자나품까지 여섯 품이 제1회 6품 설법이다. 흔히 화엄경을 신해행증信解行證이라는 믿음과 이해와 실천과 성취의 네 단락으로 과판科判하는데, 여기까지가 제1에 해당하는 '믿을 대상으로

서의 부처님과 부처님의 아름다운 세계의 공덕과 훌륭한 인행因行'을 보인 것이다. 이것을 거과권락생신분擧果勸樂生信分이라 한다.

1. 과거의 본사인연 本事因緣

1) 본사인연의 겁劫과 세계해

爾時_에 普賢菩薩_이 復告大衆言_{하사대} 諸佛子_야
乃往古世_에 過世界微塵數劫_과 復倍是數_{하야} 有
世界海_{하니} 名普門淨光明_{이니라}

그때에 보현보살이 다시 대중들에게 말하였습니다.
"모든 불자들이여, 지나간 옛적에 세계 미진수 겁을 지나고 다시 그 갑절을 지나서 세계해가 있었으니, 그 이름이 보문정광명普門淨光明이니라."

앞에서 화장장엄세계를 장황하게 설명하였다. 그와 같은

세계를 통틀어 확실한 주인으로서의 부처님을 등장시키려고 한다. 무수한 의미의 부처님과 무수한 역할을 하는 부처님을 한 분의 부처님에게 집약시켜서 표현하려 한다. 그러므로 그 부처님에 대해서는 참으로 오래고도 오랜 세월 이전으로 거슬러 올라가서 이야기를 시작해야 한다. 그것을 비로자나 부처님 과거의 본사인연本事因緣이라 한다.

아주 오랜 세월 이전, 이 세계를 작은 먼지로 만들었을 때 그 먼지 수효처럼 많고 많은 겁과 또 그 겁보다 갑절이나 많은 겁 이전에 세계해가 있었다. 그 세계해의 이름이 보문정광명이었다.

2) 본사인연의 처소處所

(1) 승음勝音세계

此世界海中에 有世界하니 名勝音이라 依摩尼華
차세계해중   유세계   명승음   의마니화

網海住하야 須彌山微塵數世界로 而爲眷屬하며
망해주   수미산미진수세계   이위권속

其形이 正圓하고 其地에 具有無量莊嚴하며 三百重

衆寶樹輪圍山이 所共圍遶요 一切寶雲으로 而覆

其上이라 淸淨無垢하야 光明照耀하며 城邑宮殿이

如須彌山하고 衣服飮食이 隨念而至하니 其劫名은

曰種種莊嚴이니라

"이 세계해 가운데 세계가 있었으니 이름은 승음勝音이니라. 마니보석꽃그물바다를 의지하여 머물며, 수미산 미진수 세계로 권속眷屬을 삼았느니라. 그 형상은 방정方正하게 둥글고, 그 땅에는 한량없는 장엄이 갖추어져 있었느니라. 삼백 겹의 온갖 보배나무윤위산輪圍山이 둘러쌌으며, 온갖 보배구름이 그 위에 덮이었고, 청정하여 때가 없는 광명이 비치었으며, 성읍城邑과 궁전이 마치 수미산 같고, 의복과 음식이 생각하는 대로 이르러 오니, 그 겁의 이름은 종종장엄種種莊嚴이니라."

세계해란 무수한 세계를 함유하고 있는 세계바다다. 그 세계바다 가운데 하나의 세계가 있는데 그 세계가 승음이다. 역시 화장장엄세계인지라 마니보석꽃그물바다를 의지하여 머물며, 수미산 미진수와 같은 세계들로 권속을 삼았다. 수미산을 작은 먼지로 만들었을 때 그 숫자와 같이 많은 세계를 권속으로 삼았다고 하였으니 얼마나 많은가. 그리고 온갖 장엄이 아름답게 펼쳐져 있다. 비로자나 부처님의 고향, 즉 천백억 생명의 근원인 법신부처님의 고향을 설명하고 있다.

(2) 향수해香水海

제불자 피승음세계 중 유향수해 명청
諸佛子야 **彼勝音世界中**에 **有香水海**하니 **名淸**

정광명 기해중 유대연화수미산 출현
淨光明이요 **其海中**에 **有大蓮華須彌山**이 **出現**하니

명화염보장엄당 십보난순 주잡위요
名華焰普莊嚴幢이라 **十寶欄楯**이 **周帀圍遶**하니라

"모든 불자들이여, 저 승음세계 가운데 향수해가 있

으니 이름이 청정광명淸淨光明이니라. 그 향수해 가운데 큰 연꽃 수미산이 우뚝 솟았으니 이름이 화염보장엄당華焰普莊嚴幢이며, 열 가지 보배난간이 두루 둘러쌌느니라."

화장세계에는 향수해가 겹겹이다. 그 이름이 청정광명이다. 그 향수해라는 바다에 큰 연꽃이 만발한 가운데 수미산이 우뚝 솟아 있다. 또 수미산을 돌아가면서 열 가지 보배난간이 두루 둘러싸고 있다.

(3) 대림大林의 장엄

於其山上에 有一大林하니 名摩尼華枝輪이라 無量華樓閣과 無量寶臺觀이 周迴布列하며 無量妙香幢과 無量寶山幢이 迥極莊嚴하니라

"다시 그 산 위에 큰 숲이 있는데 이름은 마니화지

륜摩尼華枝輪이며, 한량없는 화려한 누각과 한량없는 보배 누각이 주위에 펼쳐져 있고, 한량없는 묘한 향깃대와 한량없는 보배산깃대가 훤칠하게 장엄하였느니라."

無量寶芬陀利華가 處處敷榮하며 無量香摩尼 蓮華網이 周帀垂布하며 樂音이 和悅하고 香雲이 照曜호대 數各無量이라 不可紀極이며 有百萬那由他 城이 周帀圍遶하야 種種衆生이 於中止住하나라

"한량없는 보석의 흰 연꽃이 곳곳에 피었고, 한량없는 향마니연꽃그물이 두루 드리워졌으며, 풍악 소리가 화창하고, 향기구름이 비친 것이 각기 한량없어 끝까지 기록할 수도 없으며, 백만 나유타 성城들이 두루 둘러쌌고, 가지가지 중생들이 그 안에 살고 있었느니라."

승음勝音세계에 최초의 부처님이 출현하시는 주변 광경을

표현하는데 향수해와 큰 숲을 먼저 밝혔다. 그 숲에는 누각이 있고 또 수많은 누대가 있으며, 한량없는 깃대에 깃발들이 펄럭이고 있다. 연꽃이며 그물이며 아름다운 풍악들을 이루 다 기록할 수 없다고 하였다. 그뿐만 아니라 백만 나유타 성城들이 두루 둘러쌌고, 가지가지 중생들이 그 안에 살고 있었다고 하였다.

(4) 대성大城의 장엄

諸佛子야 此林東에 有一大城하니 名焰光明이라

人王所都니 百萬億那由他城이 周帀圍遶하야 淸

淨妙寶로 所共成立이라 縱廣이 各有七千由旬이며

七寶爲郭하야 樓櫓却敵이 悉皆崇麗하고 七重寶

塹에 香水盈滿하며 優鉢羅華와 波頭摩華와 拘物

두화   분타리화   실시중보   처처분포   이
頭華와 **芬陀利華**가 **悉是衆寶**로 **處處分布**하야 **以**

위엄식
爲嚴飾하니라

"여러 불자들이여, 이 숲 동쪽에 큰 도성이 있으니 이름이 염광명焰光明이니라. 인간의 왕이 도읍으로 하였고, 백만억 나유타 성城이 두루 둘러쌌으며, 깨끗하고 묘한 보배로 이루어졌고, 길이와 넓이가 각각 칠천 유순由旬이며, 칠보로 성곽이 되고 망대가 서로 마주하고 있어서 모두 높고 아름다웠으며, 일곱 겹으로 된 보배 구덩이에 향수가 가득하였으며, 우발라優鉢羅꽃과 파두마波頭摩꽃과 구물두拘物頭꽃과 분타리芬陀利꽃들이 모두 온갖 보배로 되어 곳곳에 널려서 장엄하였느니라."

또 큰 숲 안에는 큰 도성이 있고 다시 무수한 성들이 둘러싸고 있다. 그 성들의 장엄 또한 이루 다 표현할 길이 없다. 꽃이란 꽃은 다 피었고 그 꽃들은 온갖 보배로 되어 곳곳에 널려 있다.

　　　　보다라수　　칠중위요　　　궁전누각　　실보장엄
　　　寶多羅樹가 **七重圍遶**하며 **宮殿樓閣**이 **悉寶莊嚴**

　　　　　종종묘망　　장시기상　　　도향산화　　분영기
하야 **種種妙網**이 **張施其上**하고 **塗香散華**가 **芬瑩其**

중　　　유백만억나유타문　　실보장엄　　　　일일
中하며 **有百萬億那由他門**이 **悉寶莊嚴**이어든 **一一**

문전　　각유사십구보시라당　　차제항렬
門前에 **各有四十九寶尸羅幢**이 **次第行列**하나라

"또 보배로 된 다라多羅나무가 일곱 겹으로 둘러쌌으며, 궁전과 누각이 모두 보석으로 장엄되어 가지가지 묘한 그물이 그 위에 펼쳐졌고, 향을 뿌리고 꽃을 흩어 향기롭고 빛났으며, 백만억 나유타 문이 모두 보배로 장엄되었으며, 낱낱의 문 앞에는 각각 마흔아홉 개의 보배시라尸羅 깃대가 차례로 줄을 지었느니라."

　　　　　부유백만억원림　　　주잡위요　　　　기중　　개유
　　　　復有百萬億園林이 **周币圍遶**하야 **其中**에 **皆有**

종종잡향　　마니수향　　주류보훈　　　중조화명
種種雜香과 **摩尼樹香**이 **周流普熏**하고 **衆鳥和鳴**

청자환열　　　차대성중소유거인　　미불성
하야 **聽者歡悅**이러라 **此大城中所有居人**이 **靡不成**

취업보신족　　　승공왕래　　　행동제천　　　심유
就業報神足하야 **乘空往來**에 **行同諸天**하고 **心有**

소욕　　응념개지
所欲에 **應念皆至**러라

"다시 백만억 숲 동산이 두루 둘러쌌는데 그 가운데는 가지각색의 향과 마니수향이 두루 퍼져 널리 풍기며, 온갖 새들이 평화롭게 노래하여 듣는 이를 즐겁게 하였느니라. 이 도성 안에 살고 있는 사람들은 이미 쌓은 선업善業으로 신족통神足通을 다 얻어서 허공에 올라 왕래하기를 천신들과 같이 하였으며, 마음으로 하고자 하는 것은 생각대로 모두 이루었느니라."

큰 도성의 장엄을 여러 가지로 설명하고 마지막으로 "이 도성 안에 살고 있는 사람들은 이미 쌓은 선업善業으로 신족통神足通을 다 얻어서 허공에 올라 왕래하기를 천신들과 같이 하며, 마음으로 하고자 하는 것은 생각대로 모두 이루었느니라."라고 하였다.

(5) 백만억의 성城

기성차남   유일천성   명수화장엄   기차
其城次南에 **有一天城**하니 **名樹華莊嚴**이요 **其次**

우선   유대용성   명왈구경   차유야차성
右旋에 **有大龍城**하니 **名曰究竟**이요 **次有夜叉城**하니

명금강승묘당   차유건달바성   명왈묘궁
名金剛勝妙幢이요 **次有乾闥婆城**하니 **名曰妙宮**이요

차유아수라성   명왈보륜   차유가루라성
次有阿修羅城하니 **名曰寶輪**이요 **次有迦樓羅城**하니

명묘보장엄
名妙寶莊嚴이요

"그 도성의 다음 남쪽에 하늘의 성城이 있으니 이름이 수화장엄樹華莊嚴이며, 그 다음 오른쪽으로 돌아서 큰 용의 성이 있으니 이름이 구경究竟이니라. 다음에 야차의 성이 있으니 이름이 금강승묘당金剛勝妙幢이며, 다음에 건달바의 성이 있으니 이름이 묘궁妙宮이니라. 다음에 아수라의 성이 있으니 이름이 보륜寶輪이며, 다음에 가루라의 성이 있으니 이름이 묘보장엄妙寶莊嚴이니라."

차유긴나라성 명유희쾌락 차유마후라
次有緊那羅城하니 名遊戲快樂이요 次有摩睺羅

성 명금강당 차유범천왕성 명종종묘
城하니 名金剛幢이요 次有梵天王城하니 名種種妙

장엄 여시등 백만억나유타수 차일일성
莊嚴이라 如是等이 百萬億那由他數어든 此一一城에

각유백만억나유타누각 소공위요 일일개
各有百萬億那由他樓閣이 所共圍遶하야 一一皆

유무량장엄
有無量莊嚴이러라

"또한 다음에 긴나라성이 있으니 이름이 유희쾌락遊戲快樂이요, 다음에 마후라가성이 있으니 이름이 금강당金剛幢이며, 다음에 범천왕성이 있으니 이름이 종종묘장엄種種妙莊嚴이니라. 이와 같은 것이 백만억 나유타 수가 있고 그 낱낱의 성에 각각 백만억 나유타 누각이 함께 둘러쌌으니 낱낱이 모두 한량없는 장엄이 있었느니라."

무수한 숫자의 성이 있는데 큰 용의 성과 야차의 성과 건달바, 아수라, 가루라, 긴나라, 마후라가, 범천왕 등 백만억 성에 백만억 누각이 있고 한량없는 장엄이 있다.

(6) 도량의 장엄

諸佛子_야 此寶華枝輪大林之中_에 有一道場_{하니}
[제불자] [차 보 화 지 륜 대 림 지 중] [유 일 도 량]

名寶華徧照_라 以衆大寶_로 分布莊嚴_{하고} 摩尼華
[명 보 화 변 조] [이 중 대 보] [분 포 장 엄] [마 니 화]

輪_이 徧滿開敷_{하며} 燃以香燈_{하야} 具衆寶色_{하고} 焰
[륜] [변 만 개 부] [연 이 향 등] [구 중 보 색] [염]

雲彌覆_{하야} 光網普照_{하며} 諸莊嚴具_에 常出妙寶_{하고}
[운 미 부] [광 망 보 조] [제 장 엄 구] [상 출 묘 보]

一切樂中_에 恒奏雅音_{하며} 摩尼寶王_이 現菩薩身_{하고}
[일 체 악 중] [항 주 아 음] [마 니 보 왕] [현 보 살 신]

種種妙華_가 周徧十方_{이러라}
[종 종 묘 화] [주 변 시 방]

"모든 불자들이여, 이 보화지륜寶華枝輪 큰 숲 가운데 도량이 있으니 이름이 보화변조寶華徧照니라. 온갖 큰 보배가 널리 퍼져 장엄되어 있고, 마니보석꽃바퀴가 가득히 만발하였으며, 향의 등을 켜서 온갖 보석빛을 갖추었고, 불꽃구름이 가득히 덮이고, 광명그물이 널리 비치며, 모든 장엄거리에서는 항상 아름다운 보석이 나오고, 온갖 음악 중에 항상 청아한 소리를 연주하며, 마니보석왕이 보살의 몸을 나타내고, 가지가지 아름다운 꽃이 시방에 두루 하였느니라."

큰 숲 가운데 하나의 도량이 있고 다시 도량의 장엄이 훌륭하고 아름답게 되어 있음을 밝혔다. 비로자나 부처님의 고향 승음勝音세계를 아무리 설명한들 어찌 다할 수 있겠는가. 이 모든 장엄은 실은 사람 사람들의 생명의 세계에 대한 설명이다. 그 무엇도 생명의 본향을 떠나 있는 것이 아니기 때문이다. 생명의 원리와 생명의 법을 지혜의 눈으로 자세히 살펴보면 승음세계나 화장장엄세계의 설명 그대로다. 전혀 과장이거나 거짓이 아니다. 오히려 장엄이 턱없이 부족할 것이다.

(7) 큰 연꽃

기 도 량 전   유 일 대 해   명 향 마 니 금 강   출
其道場前에 有一大海하니 名香摩尼金剛이요 出

대 연 화   명 화 예 염 륜   기 화 광 대   백 억 유 순
大蓮華하니 名華蘂焰輪이라 其華廣大가 百億由旬

莖葉鬚臺가 皆是妙寶며 十不可說百千億那
由他蓮華의 所共圍遶니 常放光明하고 恒出妙音
하야 周徧十方이러라

"그 도량 앞에 큰 바다가 있으니 이름이 향마니금강香摩尼金剛이고, 큰 연꽃이 났으니 이름이 화예염륜華蘂焰輪이니라. 그 연꽃의 넓고 크기가 백억 유순이요, 줄기와 잎과 꽃술과 꽃받침이 모두 아름다운 보석으로 되었는데, 열 불가설 백천억 나유타 연꽃들이 함께 둘러쌌으며, 항상 광명을 놓고 또 항상 아름다운 소리를 내어 시방에 두루 하였느니라."

다시 향수해가 나오고 큰 연꽃이 출현하였다. 그 연꽃의 넓고 크기가 백억 유순이라고 하였다. 1유순은 14.4km라고 한다. 상상이 되는가. 그뿐만 아니라 열 불가설 백천억 나유타 연꽃들이 함께 둘러싸고 있다. 또 "항상 광명을 놓고 또 항상 아름다운 소리를 내어 시방에 두루 하였다."라고 하였다. 연꽃은 불법을 상징하며, 부처님을 상징하며, 불교가 세상에서 어떻게 표현되어야 하는가를 상징하는 꽃이다. 비로자나 부처님이 세상에 계시는 것은 곧 큰 연꽃이 피어난 것이다. 그러므로 세계는 하나의 큰 연꽃이다.

2. 제1 부처님의 출현

1) 부처님의 명호

諸佛子_야 彼勝音世界最初劫中_에 有十須彌山微塵數如來_가 出興於世_{하시니} 其第一佛_은 號一切功德山須彌勝雲_{이시니라}

제불자 피승음세계최초겁중 유십수미산 미진수여래 출흥어세 기제일불 호일체 공덕산수미승운

 "모든 불자들이여, 저 승음勝音세계의 최초 겁 동안에 열 수미산 미진수 여래가 세상에 출현하셨는데 그 최초의 부처님은 명호가 일체공덕산수미승운一切功德山須彌勝雲이시니라."

 드디어 제1 부처님의 출현을 밝혔다. 부처님의 고향 승음勝音세계란 무엇인가. 수승한 소리의 세계다. 무엇이 수승

한 소리인가. 부처님이 설하시는, 존재의 실상을 설파하시는 진리의 가르침이다. 사람 사람들에게 이미 존재하는 생명의 법을 가르치는 소리다. 그러므로 부처님이란 진리의 가르침, 즉 수승한 소리로 표현된다는 뜻이리라. 최초 부처님의 이름도 일체공덕산이라 하였다. 그렇다. 부처님은 진리의 가르침으로 세상에 큰 공덕을 베푸는 사람이다. 각자가 가지고 있는 생명법을 가르쳐서 생명의 원리대로 살게 한다면 그 공덕이 얼마나 크겠는가. 어찌 수미산에 비교하겠는가.

그러나 아직은 비로자나 부처님의 스승 되시는 부처님을 이야기하고 있다. 이와 같은 스승 되시는 부처님 열 분을 열거하고 대위광大威光태자는 그 부처님을 일일이 스승으로 모시고 수행한 뒤에 비로소 비로자나 부처님으로 세상에 출현하는 것으로 되어 있다. 그런데 화엄경의 경문이 결손이 있어서 네 분의 부처님만 소개되었다.

2) 상서祥瑞

諸^제佛^불子^자야 應^응知^지彼^피佛^불이 將^장出^출現^현時^시一^일百^백年^년前^전에 此^차
摩^마尼^니華^화枝^지輪^륜大^대林^림中^중一^일切^체莊^장嚴^엄이 周^주徧^변淸^청淨^정이니 所^소
謂^위出^출不^부思^사議^의寶^보焰^염雲^운과 發^발歎^탄佛^불功^공德^덕音^음과 演^연無^무數^수佛^불
音^음聲^성과 舒^서光^광布^포網^망하야 彌^미覆^부十^시方^방과 宮^궁殿^전樓^누閣^각이 互^호相^상
照^조曜^요와 寶^보華^화光^광明^명이 騰^등聚^취成^성雲^운하니라

"모든 불자들이여, 마땅히 알지니라. 저 부처님이 장차 출현하려 하였을 때 일백 년 전에 이미 이 마니화지륜摩尼華枝輪 큰 숲의 일체 장엄이 두루 청정하였느니라. 이른바 부사의한 보배불꽃구름을 내고, 부처님 공덕을 찬탄하는 소리를 내고, 무수한 부처님 음성을 연설하며, 빛을 내어 그물을 펴서 시방을 덮으며, 궁전과 누각이 서로서로 비추며, 보배꽃광명이 공중에 모여 구름을 이루었느니라."

앞으로 비로자나 부처님이 되실 대위광大威光태자의 스승 부처님들이 출현하시는데 그 첫 번째 부처님의 출현이다. 이와 같은 경사스러운 불사에 상서가 없을 수 없다. 그래서 제1 부처님의 출현에 앞서 먼저 이와 같은 상서를 보인 것이다.

부출묘음 설일체중생 전세소행광대선
復出妙音하야 說一切衆生의 前世所行廣大善

근 설삼세일체제불명호 설제보살 소수원
根과 說三世一切諸佛名號와 說諸菩薩의 所修願

행구경지도 설제여래 전묘법륜종종언사
行究竟之道와 說諸如來의 轉妙法輪種種言辭라

현여시등장엄지상 현시여래 당출어세
現如是等莊嚴之相하야 顯示如來의 當出於世한대

기세계중일체제왕 견차상고 선근성숙
其世界中一切諸王이 見此相故로 善根成熟하야

실욕견불 이래도량
悉欲見佛하야 而來道場하니라

"다시 아름다운 음성을 내어 일체 중생들의 전세에 행하던 넓고 큰 선근을 말하고, 삼세의 여러 부처님들의 명호를 말하고, 보살들이 수행하던 서원과 구경究竟에 이르는 도道를 말하고, 모든 여래의 묘한 법의 바퀴를 굴리던 갖가지 말씀을 말하였느니라. 이와 같이 장엄한 모양을 나타내어 여래께서 장차 세상에 출현하실 것을 보이었느니라. 그 세계의 모든 왕들이 이러한 상서를 보고는 선근이 성숙하여 부처님을 뵈려고 모두 도량으로 모여 왔느니라."

궁전과 누각에서는 광명을 발하고, 다시 온갖 아름다운 소리를 내어 중생들의 선근과 부처님의 명호와 보살들의 수행하던 서원과 여래의 법륜 등을 말하게 되었다.

3) 연꽃에서 출현하다

爾時에 一切功德山須彌勝雲佛이 於其道場
이시   일체공덕산수미승운불   어기도량

大蓮華中에 忽然出現하시니 其身이 周普하야 等眞
대연화중   홀연출현   기신   주보   등진

법계　　일체불찰　　개시출생　　　일체도량　　실
法界하며 **一切佛刹**에 **皆示出生**하며 **一切道場**에 **悉**

예기소　　무변묘색　　구족청정　　　일체세간
詣其所하며 **無邊妙色**이 **具足淸淨**하며 **一切世間**이

무능영탈　　구중보상　　일일분명　　일체궁
無能暎奪하며 **具衆寶相**하야 **一一分明**하며 **一切宮**

전　　실현기상
殿에 **悉現其像**하니라

"이때 일체공덕산수미승운一切功德山須彌勝雲 부처님이 그 도량의 큰 연꽃 가운데서 홀연히 출현하시었느니라. 그 몸은 두루 하여 진법계와 같고, 일체 부처님 세계에서 모두 출생하며, 일체 도량에 다 나아감을 보이시니라. 끝없는 아름다운 빛깔이 구족하게 청정하여 일체 세계에서 그 빛을 뺏을 이 없으며, 온갖 보배 형상을 갖추어 낱낱이 분명한데 일체 궁전에 그 형상을 다 나타내었느니라."

"부처님이 연꽃에서 출현하시다."라고 하였다. 그렇다면 연꽃은 부처님의 어머니다. 그렇다. 처염상정處染常淨한 곳에서 부처님은 출현하셨다. 꽃과 씨앗, 즉 중생인 꽃과 씨앗인

부처님이 동시에 구족한 자리에서 부처님이 출현하셨다. 그뿐만 아니라 '이제염오離諸染汚, 불여악구不與惡俱, 계향충만戒香充滿, 본체청정本體淸淨, 면상희이面相喜怡, 유연불삽柔軟不澁, 견자개길見者皆吉, 개부구족開敷具足, 성숙청정成熟淸淨, 생이유상生已有想' 등 연꽃의 열 가지 의미로부터 출현하셨다.

일체중생　함득목견　　무변화불　종기신
一切衆生이 咸得目見하며 無邊化佛이 從其身

출　종종색광　충만법계　　여어차청정광명
出하며 種種色光이 充滿法界하니 如於此淸淨光明

향수해화염장엄당수미정상마니화지륜대림
香水海華焰莊嚴幢須彌頂上摩尼華枝輪大林

중　출현기신　　이좌어좌　　기승음세계　유
中에 出現其身하사 而坐於座하야 其勝音世界에 有

육십팔천억수미산정　　실역어피　현신이
六十八千億須彌山頂이어든 悉亦於彼에 現身而

좌
坐하시니라

"일체 중생들이 모두 직접 눈으로 볼 수 있었으며,

끝없는 화신 부처님이 그 몸에서 나오시니 가지가지 빛깔이 법계에 가득하였느니라. 이 청정광명향수해에 있는 꽃불꽃장엄깃대 수미산 꼭대기의 마니화지륜摩尼華枝輪 큰 숲 가운데에 그 몸을 나타내어 자리에 앉은 것처럼 그 승음세계에 68천억의 수미산 꼭대기가 있으니 그곳에도 또한 다 몸을 나타내어 앉으셨느니라."

일체공덕산수미승운一切功德山須彌勝雲 부처님을 시작으로 제2 바라밀선안장엄왕波羅蜜善眼莊嚴王 부처님과 제3 최승공덕해最勝功德海 부처님과 제4 명칭보문연화안당名稱普聞蓮華眼幢 부처님까지 네 분의 부처님이 출현하시는 것을 기록하였다. 부처님이 "수미산 꼭대기의 마니화지륜摩尼華枝輪 큰 숲 가운데에 그 몸을 나타내어 자리에 앉은 것처럼 그 승음세계에 68천억의 수미산 꼭대기가 있으니 그곳에도 또한 다 몸을 나타내어 앉으셨느니라."라고 하였다. 부처님의 생명체는 온 우주에 변만해 있으며, 일체 세계에 하나로 통일되어 있음을 밝혔다. 부처님의 생명체뿐만 아니라 우리 모두의 생명체도 또한 그와 같이 다 통하고 다 가득하다. 그래서 한 곳에 나타나면 전체에서 나타난다. 이것이 불성 생명의 전체성이며 통일성이다.

4) 광명을 놓다

爾時彼佛이 卽於眉間에 放大光明하시니 其光이
(이시피불 즉어미간 방대광명 기광)

名發起一切善根音이라 十佛刹微塵數光明으로
(명발기일체선근음 십불찰미진수광명)

而爲眷屬하야 充滿一切十方國土하야 若有衆生을
(이위권속 충만일체시방국토 약유중생)

應可調伏이면 其光이 照觸하야 卽自開悟하며 息諸
(응가조복 기광 조촉 즉자개오 식제)

惑熱하며 裂諸蓋網하며 摧諸障山하며 淨諸垢濁하며
(혹열 열제개망 최제장산 정제구탁)

發大信解하며 生勝善根하며 永離一切諸難恐怖
(발대신해 생승선근 영리일체제난공포)

하며 滅除一切身心苦惱하며 起見佛心하야 趣一切
(멸제일체신심고뇌 기견불심 취일체)

지
智케하시니라

"이때에 저 부처님이 미간에서 큰 광명을 놓으시니 그 광명의 이름은 발기일체선근음發起一切善根音이니라. 열불찰 미진수의 광명으로 권속을 삼아서 온갖 시방 국토에 가득하였느니라. 만약 어떤 중생을 응당 가히 조복할 게 있으면 그 빛이 비치어 곧 스스로 깨닫게 하여 모든 번뇌의 열기를 쉬게 하며, 모든 뒤덮인 번뇌의 그물을 찢게 하며, 모든 장애의 산을 부수게 하며, 모든 때와 흐림을 깨끗하게 하며, 큰 믿음과 이해를 내게 하며, 수승한 선근을 내게 하며, 영원히 일체 모든 어려움과 두려움을 여의게 하며, 일체 몸과 마음의 괴로움을 없애게 하며, 부처님을 뵈려는 마음을 일으켜서 일체 지혜에 나아가게 하셨느니라."

광명이란 무엇을 뜻하는가. 부처님의 깨달음이며, 깨달음의 가르침이며, 존재의 실상에 대한 바른 설법이며, 사람마다 가진 참생명의 본질을 일깨워 주는 가르침이다. 이와 같은 광명을 받음으로써 "스스로 깨닫게 하여 모든 번뇌의 열기를 쉬게 하며, 모든 뒤덮인 번뇌의 그물을 찢게 하며, 모든 장애의 산을 부수게 하며, 모든 때와 흐림을 깨끗하게 하며, 큰 믿음과 이해를 내게 하며, 수승한 선근을 내게 하며, 영원히 일체 모든 어려움과 두려움을 여의게 하며, 일체 몸과 마음의 괴로움을 없애게 하며, 부처님을 뵈려는 마음을 일으켜서 일체 지혜에 나아가게 하셨다."라고 하였다. 불법이 해야 할 일이며, 불교가 해야 할 일이며, 불교인이 해야 할 일이다.

5) 대중들의 운집

時에 一切世間主와 幷其眷屬無量百千이 蒙佛
光明의 所開覺故로 悉詣佛所하야 頭面禮足하니라

"이때에 일체 세계의 주인들과 어울려 그 한량없는 백천의 권속들이 부처님의 광명을 입어서 깨닫게 된 까닭으로 모두 부처님이 계신 곳에 나아가 머리와 얼굴로 부처님 발에 예배하였느니라."

화엄경의 서두 세주묘엄품에서 일체 세간의 주인들이 구름처럼 모여 와서 화엄법회의 청중으로 동참하였다. 이제 다시 그들이 한량없는 백천 권속들과 같이 부처님께서 미간으로부터 광명 놓음을 입고 모두 깨달은 바가 되어 부처님께 나아가 예배하였다.

6) 대위광태자大威光太子

제불자 피염광명대성중 유왕 명희견
諸佛子야 彼焰光明大城中에 有王하니 名喜見

선혜 통령백만억나유타성 부인채녀 삼
善慧라 統領百萬億那由他城하니 夫人婇女가 三

만칠천인 복길상 위상수 왕자오백인 대
萬七千人에 福吉祥이 爲上首요 王子五百人에 大

위광 위상수 대위광태자 유십천부인
威光이 爲上首요 大威光太子가 有十千夫人하니

묘견   위상수
妙見이 **爲上首**라

"모든 불자들이여, 저 염광명焰光明 큰 성城 가운데 왕이 있으니 이름이 희견선혜喜見善慧니라. 백만억 나유타 성성城을 통솔하였으며, 부인과 채녀婇女가 3만7천 명인데 복길상福吉祥이 으뜸이 되고, 왕자가 5백 명인데 대위광이 으뜸이 되고, 대위광태자에게도 10천 부인이 있는데 묘견妙見이 으뜸이 되었느니라."

이제 비로자나품의 주인공인 대위광태자가 등장하였다. 앞에서 설명한 승음세계와 향수해와 큰 성과 부처님의 출현 등등은 곧 대위광태자의 등장을 위한 것이었다. 10천 부인을 거느렸던 이 대위광태자가 바로 비로자나 부처님의 전신이다.

7) 태자의 득법得法

이시 대위광태자 견불광명이 이석소수
爾時에 **大威光太子**가 **見佛光明已**에 **以昔所修**

선근력고 즉시 증득십종법문 하위위십
善根力故로 **卽時**에 **證得十種法門**하니 **何謂爲十**고

소위증득일체제불공덕륜삼매 증득일체불
所謂證得一切諸佛功德輪三昧와 **證得一切佛**

법보문다라니 증득광대방편장반야바라밀
法普門陀羅尼와 **證得廣大方便藏般若波羅蜜**과

"이때에 대위광태자가 부처님의 광명을 보고 예전에 닦은 선근의 힘으로 즉시 열 가지 법문을 증득하였으니 무엇이 열이 되는가? 이른바 일체 모든 부처님의 공덕륜功德輪 삼매를 증득하였으며, 일체 부처님 법의 보문다라니를 증득하였으며, 넓고 큰 방편 창고의 반야바라밀을 증득하였느니라."

대위광태자는 일체공덕산수미승운一切功德山須彌勝雲 부처님이 그 도량의 큰 연꽃 가운데서 홀연히 출현하시어 미간으로부터 광명을 놓는 것을 보고 열 가지의 법을 얻었다. 광명

이란 모든 존재의 생명의 근원을 일깨워 주는 가르침이므로 그와 같은 광명을 보고 곧 큰 법을 얻었다.

첫째, "일체 모든 부처님의 공덕륜功德輪삼매를 증득하였다."는 것은 부처님의 공덕이 원만하므로 장애를 없애고 공덕륜에 부합하기 때문에 선정 중에 있으면서 알 수 있으므로 이 법을 받았다고 하였다. 둘째, "일체 부처님 법의 보문다라니를 증득하였다."는 것은 모든 부처님의 넓고 넓은 법을 다 지닌다는 뜻이다. 셋째, "넓고 큰 방편 창고의 반야바라밀을 증득하였다."는 것은 공空에 나아가서 유有에 이르는 것을 방편이라 하는데 이것은 방편과 실법을 쌍으로 행하는 것으로 불공반야不共般若가 되며 본체와 작용의 광대함에 부합한다[1]는 뜻이다.

증득조복일체중생대장엄대자 증득보운
證得調伏一切衆生大莊嚴大慈와 **證得普雲**

---

1) 一, 佛德圓滿, 摧障稱輪. 定中能知故受斯稱. 二, 此總持能持諸佛普法.
 三, 即空涉有名為方便. 斯則權實雙行, 為不共般若. 稱體用之廣大,

음대비   증득생무변공덕최승심대희   증득
音大悲와 證得生無邊功德最勝心大喜와 證得

여실각오일체법대사
如實覺悟一切法大捨와

"일체 중생을 조복하는 큰 장엄 대자大慈를 증득하였
으며, 넓은 구름소리 대비大悲를 증득하였으며, 끝없는
공덕과 가장 수승한 마음을 내는 대희大喜를 증득하였
으며, 일체 법을 사실과 같이 깨닫는 대사大捨를 증득하였
느니라."

보살이 중생을 교화하는 데 가장 기본이 되는 자비희사
慈悲喜捨의 사무량심을 증득하였다. 이 사무량심을 지니지
않고는 중생을 교화할 수 없기 때문이다. 넷째, 지혜 장엄
과 복덕 장엄으로 중생을 조복하여야 그것이 진실한 자慈
다. 다섯째, 법의 구름과 우레의 소리로 능히 중생들의 고
통의 뿌리를 뽑아 버리는 것이 비悲다. 여섯째, 이치와 법에
부합하여 기뻐하기 때문에 그 덕이 끝이 없으며 자타가 함
께 경사스러운 마음이 가장 수승하므로 희喜다. 일곱째, 떠
나는 것을 여의는 것의 이름이 법이며, 법도 또한 응당히 떠나

는 것이 여실한 사捨다. 2)

증득광대방편평등장대신통   증득증장신
證得廣大方便平等藏大神通과 **證得增長信**

해력대원   증득보입일체지광명변재문
解力大願과 **證得普入一切智光明辯才門**이니라

"넓고 큰 방편의 평등한 창고인 큰 신통神通을 증득하였으며, 믿고 이해하는 힘을 증장하는 대원大願을 증득하였으며, 일체 지혜의 광명에 두루 들어가는 변재문辯才門을 증득하였느니라."

여덟째, "넓고 큰 방편의 평등한 창고인 큰 신통神通을 증득하였다."고 하는 것은 선교방편을 일으켜 쓰는 것이 평등하여 분별하는 생각이 없는 것이다. 모두 이로부터 출생하므로 이름이 창고다. 아홉째, "믿고 이해하는 힘을 증장하는 대원大願을 증득하였다."라고 한 것은 모든 중생 세계를 짊어져도 피로함이 없이 믿음과 이해를 내게 하는 대원大願을 말함이다. 열째, "일체 지혜의 광명에 두루 들어가는 변재문

辯才門을 증득하였다."라고 한 것은 변재로 부처님의 지혜에 다 들어가서 자신과 타인을 함께 비추는 광명을 말함이다. 이상의 열 가지 법에 처음 셋은 공덕의 법이며, 다음의 넷은 훈습하여 닦는 법이며, 뒤의 셋은 일어나서 교화하는 법이다.[3]

이와 같이 비로자나 부처님의 전신인 대위광태자는 처음으로 부처님의 광명을 입고 위의 열 가지 중요한 법을 증득하게 되었다는 것을 밝혔다. 이것이 첫 출발이 되어 다시 또 부처님을 친견하고 법을 증득하게 되며, 계속하여 다른 법을 증득하게 되는 과정을 설해 나간다.

---

2) 四, 以二嚴調伏. 真實慈也. 五, 法雲震音能拔苦本. 六, 稱理法喜故德無邊. 自他俱慶心為最勝. 七, 知離名法. 法亦應捨. 如實捨也.
3) 八, 善巧起用平等無思, 通從此生故名為藏. 九, 盡衆生界荷負無疲, 要令信解為大願也. 十, 所有辯才皆入佛智. 自他俱照是日光明. 此上十法: 初三功德法. 次四熏修. 後三起化法.

8) 태자의 찬불讚佛

이시　　대위광태자　　획득여시법광명이　　승
爾時에 **大威光太子**가 **獲得如是法光明已**에 **承**

불위력　　　보관대중　　　이설송언
佛威力하야 **普觀大衆**하고 **而說頌言**호대

이때에 대위광태자가 이와 같은 법의 광명을 얻고 나서 부처님의 위신력을 받들어 대중들을 두루 살펴보고 게송으로 말하였습니다.

(1) 부처님의 출현

세존좌도량　　　　　　　청정대광명
世尊坐道場하시니　　**淸淨大光明**이

비여천일출　　　　　　　보조허공계
譬如千日出하야　　　**普照虛空界**로다

세존께서 도량에 앉아 계시니

청정한 큰 광명 비치심이

마치 천 개의 태양이 함께 떠서

온 허공계를 널리 비추는 듯하도다.

무 량 억 천 겁
無量億千劫에

도 사 시 내 현
導師時乃現이어늘

불 금 출 세 간
佛今出世間하시니

일 체 소 첨 봉
一切所瞻奉이로다

한량없는 억천 겁에
도사가 그때에 출현하시거늘
부처님이 이제 세간에 나오시니
모든 이들이 우러러 받들도다.

  대위광태자가 부처님의 광명을 보고 열 가지 중요한 법을 증득하였다. 법을 증득한 소감과 깨달음을 게송으로 노래하였다. 먼저 부처님이 이 세상에 출현하심에 대한 느낌과 감회를 읊었다. 부처님의 위대성을 표현할 때 자주 거론되는 비여천일출譬如千日出이라는 유명한 구절이 나왔다.

  부처님이 이 세상에 출현하심은 그야말로 일천 개의 태양이 동시에 뜬 것과 같다. 실로 어찌 일천 개의 태양에 비유하겠는가. 한량없는 억천 겁에 때에 맞추어 출현하신 것이다.

(2) 부처님의 공덕

| 여관불광명 | 화불난사의 |
| **汝觀佛光明**에 | **化佛難思議**하라 |

| 일체궁전중 | 적연이정수 |
| **一切宮殿中**에 | **寂然而正受**로다 |

그대들은 부처님의 광명을 보라.
화현하신 부처님 불가사의하여라.
모든 궁전 가운데서
고요히 선정[正受]에 들어가셨도다.

| 여관불신통 | 모공출염운 |
| **汝觀佛神通**하라 | **毛孔出焰雲**하사 |

| 조요어세간 | 광명무유진 |
| **照耀於世間**하시니 | **光明無有盡**이로다

그대들은 부처님의 신통을 보라.
모공에서 불꽃구름을 내어
세간을 환히 비추시니
그 광명 다함이 없도다.

여 응 관 불 신
汝應觀佛身에

광 망 극 청 정
光網極淸淨하라

현 형 등 일 체
現形等一切하사

변 만 어 시 방
徧滿於十方이로다

그대들은 부처님의 몸을 보라.
광명그물이 지극히 청정하여
형상을 나타내 온갖 것과 같게 하사
시방에 두루 가득하도다.

"그대들은 부처님의 광명을 보라. 그대들은 부처님의 신통을 보라. 그대들은 부처님의 몸을 보라."라고 하면서 광명과 신통과 몸의 공덕을 찬탄하였다. 게송이 얼마나 아름다운가. 대위광태자가 부처님을 친견하고 광명을 보았으며 그 광명을 입어 중요한 열 가지 법을 증득하였으니 얼마나 감격하였겠는가. 단순히 부처님의 출현과 공덕에 대해서 노래하는 것이 아니라 대위광태자의 오도송悟道頌이다. 영가스님의 증도가證道歌이다. 승찬대사의 신심명信心銘이다.

묘음변세간　　　　　　문자개흔락
妙音徧世間하시니　　　**聞者皆欣樂**이라

수제중생어　　　　　　찬탄불공덕
隨諸衆生語하야　　　　**讚歎佛功德**이로다

아름다운 소리 세간에 두루 하시니

듣는 이는 다 기뻐하며

모든 중생들의 말을 따라서

부처님의 공덕을 찬탄하도다.

세존광소조　　　　　　중생실안락
世尊光所照에　　　　　**衆生悉安樂**이라

유고개멸제　　　　　　심생대환희
有苦皆滅除하야　　　　**心生大歡喜**로다

세존의 광명이 비치는 곳에는

중생들이 모두 안락하며

고통도 모두 다 소멸하여

마음에 큰 기쁨을 내도다.

부처님의 출현에 이어 부처님이 세상에 펼치신 공덕에 대하여 노래로 밝히고 있다. 부처님의 아름다운 소리란 무엇인가. 생명의 법칙을 낱낱이 일깨워 주시는 진리의 가르침이다. 6조 혜능慧能대사가 생명의 원리를 깨닫고 나서 처음으로 밝히신 내용으로 요약되는 이와 같은 성품들이다. 구족성[本自具足]과 청정성[本自淸淨]과 불생멸성[本不生滅]과 부동성[本無動搖]과 무한창조성[能生萬法]들이다. 사람에게 본래로 이와 같은 것이 갖춰져 있다는 사실을 가르치신 그 공덕이 얼마이겠는가. 산천초목을 입으로 삼아 억천 겁을 노래하더라도 다하지 못할 일이다.

(3) 일체 중생의 귀의

관 제 보 살 중
觀諸菩薩衆하라

시 방 래 췌 지
十方來萃止하야

실 방 마 니 운
悉放摩尼雲하야

현 전 칭 찬 불
現前稱讚佛이로다

모든 보살 대중들은 보라.
시방에서 모여 와
모두 마니보석구름을 놓아서

현전現前에서 부처님을 칭송하도다.

도 량 출 묘 음
道場出妙音이여

기 음 극 심 원
其音極深遠이라

능 멸 중 생 고
能滅衆生苦하시니

차 시 불 신 력
此是佛神力이로다

도량이 아름다운 소리를 내니

그 소리 지극히 심원하도다.

능히 중생들의 고통을 소멸하시니

이것이 부처님의 신통력일세.

일 체 함 공 경
一切咸恭敬하야

심 생 대 환 희
心生大歡喜라

공 재 세 존 전
共在世尊前하야

첨 앙 어 법 왕
瞻仰於法王이로다

일체 대중들이 다 공경하여

마음에 큰 기쁨을 내며

다 함께 세존 앞에서

법왕法王을 우러러보네.

부처님이 세상에 출현하시니 대위광태자를 중심으로 무수한 보살들과 시방의 중생들 일체가 다 환희하여 모여 와서 법문을 듣고 모든 고통을 소멸한다. 대위광태자가 이와 같은 내용들을 게송으로 설하여 마쳤다.

9) 희견선혜왕喜見善慧王의 게송

(1) 부왕父王의 환희

諸佛子야 彼大威光太子가 說此頌時에 以佛神力으로 其聲이 普徧勝音世界하니 時에 喜見善慧王이 聞此頌已하고 心大歡喜하야 觀諸眷屬하고 而說頌言호대

"모든 불자들이여, 저 대위광태자가 이러한 게송을

六. 비로자나품毘盧遮那品

말할 때에 부처님의 위신력으로 그 음성이 승음세계에 두루 퍼졌느니라. 그때에 회견선혜왕이 이 게송을 들으시고 마음이 크게 환희하여 모든 권속들을 살피고 게송으로 말하였느니라."

최초의 부처님이 출현하시어 광명을 놓으니 대위광태자는 부처님의 광명을 입어 큰 깨달음을 열었다. 그리고 부처님의 출현과 공덕 등을 게송으로 찬탄하고 나니 그의 부왕이 듣고는 환희하여 응답하는 게송이 이어진다.

(2) 북을 쳐서 부처님을 친견하다

여 응 속 소 집
汝應速召集

일 체 제 왕 중
一切諸王衆과

왕 자 급 대 신
王子及大臣과

성 읍 재 관 등
城邑宰官等이어다

그대들은 응당 신속하게

일체 모든 왕과

왕자와 대신들과

성읍城邑의 재관들을 불러 모아라.

보고제성내	질응격대고
普告諸城內하야	**疾應擊大鼓**하고
공집소유인	구행왕견불
共集所有人하야	**俱行往見佛**이어다

모든 성 안에 널리 알려서

빨리 응당 큰 북을 치고

모든 사람들을 다 모아서

함께 가서 부처님을 친견토록 하라.

일체사구도	실응명보탁
一切四衢道에	**悉應鳴寶鐸**하고
처자권속구	공왕관여래
妻子眷屬俱하야	**共往觀如來**어다

일체 네거리에

모두 보배방울을 울리면서

저자들과 권속들과 힘께

다 같이 가서 여래를 볼지니라.

옛말에 "그 자리에 있으면 그 일을 한다."고 하였다. 그래서 사람들은 그 자리를 차지하려고 모두들 혈안이 되어 있다. 긍정적인 일과 만백성에게 유익한 일만을 위해서라면 얼마나 좋을까. 대위광태자의 아버지 희견선혜왕喜見善慧王은 왕의 자리를 빌려서 만백성에게 커다란 이익을 베풀고자 부처님이 세상에 출현하심을 알리고 다 함께 가서 친견하자고 권유하는 노래를 부른다. 큰 북을 치고 방울을 울리면서 왕자와 대신들과 재관들과 일체 처자와 권속들까지 다 동원하여 부처님의 법회에 동참하기를 권유하고 있다. 이 얼마나 아름다운 광경인가.

(3) 공양구供養具 준비

일 체 제 성 곽
一切諸城郭을

의 령 실 청 정
宜令悉淸淨하고

보 건 승 묘 당
普建勝妙幢하야

마 니 이 엄 식
摩尼以嚴飾이어다

일체 모든 성곽을

마땅히 다 청정하게 하고

아름다운 깃대를 널리 세워

마니보석으로 장엄할지어다.

보 장 라 중 망　　　　　기 악 여 운 포
寶帳羅衆網하고　　　**妓樂如雲布**하야

엄 비 재 허 공　　　　　처 처 영 충 만
嚴備在虛空하야　　　**處處令充滿**이어다

보배휘장에 온갖 그물을 나열하고

기악妓樂을 구름처럼 펴서

잘 꾸며 허공에 두고

곳곳에 충만하게 할지어다.

도 로 개 엄 정　　　　　보 우 묘 의 복
道路皆嚴淨하며　　　**普雨妙衣服**하고

건 어 여 보 승　　　　　여 아 동 관 불
巾馭汝寶乘하야　　　**與我同觀佛**이어다

六. 비로자나품毘盧遮那品

도로를 모두 엄정하게 하고
아름다운 의복을 널리 비 내리며
그대들은 보배수레를 몰아
나와 함께 부처님을 뵈올지니라.

부처님께 올릴 공양거리를 준비하는 내용이다. 대왕은 대신들에게 "일체 모든 성곽을 마땅히 다 청정하게 하고 아름다운 깃대를 널리 세워 마니보석으로 장엄할지어다."라고 지시하여 도량을 청정하고 화려하게 장엄하기를 분부하였다.

급고독給孤獨장자가 부처님을 모시기 위해서 기원정사를 마련하려 할 때 황금을 땅에 깔자 기타태자가 감동하여 숲을 회사하게 된 아름다운 역사가 공연히 이루어진 것이 아니다. 법에 감동하고 진리의 가르침에 감동하면 대왕도 움직이고 태자도 움직인다. 하물며 평범한 일반 백성이겠는가.

각 각 수 자 력
各各隨自力하야

보 우 장 엄 구
普雨莊嚴具호대

일체여운포
一切如雲布하야

변만허공중
徧滿虛空中이어다

각각 자신의 힘을 따라

장엄거리를 널리 쏟되

일체를 구름이 펴지듯 해서

허공에 두루 가득하게 하라.

향염연화개
香焰蓮華蓋와

반월보영락
半月寶瓔珞과

급무수묘의
及無數妙衣를

여등개응우
汝等皆應雨어다

향기불꽃과 연꽃일산(日傘)과

반달 같은 보배영락과

무수한 묘한 옷을

그대들은 다 응당 쏟을지어다.

수미향수해
須彌香水海에

상묘마니륜
上妙摩尼輪과

급청정전단
及淸淨栴檀을

실응우만공
悉應雨滿空이어다

수미산과 향수해에

가장 아름다운 마니보석바퀴와

청정한 전단栴檀을

다 응당 쏟아서 허공에 채울지어다.

중보화영락
衆寶華瓔珞으로

장엄정무구
莊嚴淨無垢하며

급이마니등
及以摩尼燈으로

개령재공주
皆令在空住어다

온갖 보배꽃영락으로

장엄하니 청정하여 때가 없으며

마니보석등燈으로써

다 허공에 머물게 하라.

여러 가지 공양거리들을 밝혔다. 부처님께 올리는 공양거리를 자신의 능력에 따라서 올리되 이 세상에 존재하는 존귀하고 값진 것들을 다 들었다. 만약 일체 사람 부처님에게 올리는 공양이라면 공양 중에 가장 수승한 법공양을 권하였을 것이지만 그 대상이 부처님이기 때문에 전단향이나 마니보석 등을 말하였다.

(4) 세존을 친견하다

일 체 지 향 불
一切持向佛호대

심 생 대 환 희
心生大歡喜하고

처 자 권 속 구
妻子眷屬俱하야

왕 견 세 소 존
往見世所尊이어다

일체 것을 가지고 부처님을 향하되
마음에 큰 기쁨을 내며
처자들과 권속들과 함께
다 가서 세존을 친견할지어다.

대왕이 세존을 친견하기를 권하였다. 값지고 귀한 공양거리를 바쳐서 세존을 친견하는 것은 최상의 존경을 뜻한다. 왜 최상의 존경을 표하는가. 모든 인류를 부처님으로 승격

시켰기 때문이다. 일체 존재의 실상을 밝히고 사람의 실상이 부처님이라는 사실을 밝혔기 때문이다. 모든 생명들이 본래로 다 가지고 있는 무궁무진한 보물을 밝혀 주었기 때문이다. 그래서 크게 환희하는 것이다.

10) 함께 부처님께 나아가다

爾時_에 喜見善慧王_이 與三萬七千夫人婇女_로
俱_{호대} 福吉祥_이 爲上首_요 五百王子_로 俱_{호대} 大威光_이 爲上首_요 六萬大臣_{으로} 俱_{호대} 慧力_이 爲上首_라

이때에 희견선혜왕이 3만7천의 부인과 채녀들과 함께하였으니 복길상福吉祥이 으뜸이요, 5백 왕자와 함께하였으니 대위광이 으뜸이요, 6만 대신大臣과 함께하였으니 혜력慧力이 으뜸이었습니다.

여시등칠십칠백천억나유타중　　전후위요
如是等七十七百千億那由他衆으로 前後圍遶

　　종염광명대성출　　이왕력고　　일체대중
하야 從焰光明大城出할새 以王力故로 一切大衆이

승공이왕　　　제공양구　　변만허공　　　지어불
乘空而往호대 諸供養具를 徧滿虛空하야 至於佛

소　　정례불족　　　각좌일면
所하야 頂禮佛足하고 却坐一面하니라

　이러한 77백천억 나유타 대중에게 앞뒤로 둘러싸여서 염광명焰光明 큰 성에서 나올 적에 왕의 힘으로 일체 대중들이 허공에 올라가되 모든 공양거리가 허공에 두루 가득하여 부처님 처소에 이르러서 부처님 발에 이마로 예배하고 물러가 한쪽에 앉았습니다.

　희견선혜왕이 77백천억 나유타 대중에게 앞뒤로 둘러싸여서 염광명焰光明 큰 성에서 나아가서 부처님을 친견하고 예배를 올린 뒤 물러나 한쪽에 앉는 모습을 그렸다. 이 얼마나 장엄하고 화려하고 우렁찬 모습인가. 세계 올림픽에 참가하는 인원의 규모를 100억만 배 정도 확대해서 상상해 보면 짐

작을 할 수 있을 것인가. 그러나 이와 같은 큰 규모가 한 사람의 모습 속에 다 포함되어 있기도 하다. 하나의 작은 먼지 속에 시방세계가 다 들어 있거늘 굳이 그와 같은 숫자의 사람을 다 모집해야만 하는 것은 아니다.

11) 십부十部의 제왕諸王

復有妙華城善化幢天王이 與十億那由他眷
부유묘화성선화당천왕   여십억나유타권

屬으로 俱하며 復有究竟大城淨光龍王이 與二十五
속 구 부유구경대성정광용왕   여이십오

億眷屬으로 俱하며 復有金剛勝幢城猛健夜叉王이
억권속   구 부유금강승당성맹건야차왕

與七十七億眷屬으로 俱하며 復有無垢城喜見乾
여칠십칠억권속   구 부유무구성희견건

闥婆王이 與九十七億眷屬으로 俱하며 復有妙輪城
달바왕   여구십칠억권속   구 부유묘륜성

淨色思惟阿修羅王이 與五十八億眷屬으로 俱하며
정색사유아수라왕   여오십팔억권속   구

다시 또 묘화성妙華城 선화당善化幢 천왕이 있어 10억 나유타 권속으로 더불어 함께하였으며, 다시 또 구경대성究竟大城 정광淨光 용왕이 있어 25억 권속으로 더불어 함께하였으며, 다시 또 금강승당성金剛勝幢城 맹건猛健 야차왕이 있어 77억 권속으로 더불어 함께하였으며, 다시 또 무구성無垢城 희견喜見 건달바왕이 있어 97억 권속으로 더불어 함께하였으며, 다시 또 묘륜성妙輪城 정색사유淨色思惟 아수라왕이 있어 58억 권속으로 더불어 함께하였습니다.

부유묘장엄성십력행가루라왕   여구십구
復有妙莊嚴城十力行迦樓羅王이 **與九十九**

천권속   구   부유유희쾌락성금강덕긴나
千眷屬으로 **俱**하며 **復有遊戲快樂城金剛德緊那**

라왕   여십팔억권속   구   부유금강당성보
羅王이 **與十八億眷屬**으로 **俱**하며 **復有金剛幢城寶**

칭당마후라가왕   여삼억백천나유타권속
稱幢摩睺羅伽王이 **與三億百千那由他眷屬**으로

俱_{하며} 復有淨妙莊嚴城最勝梵王_이 與十八億眷
屬_{으로} 俱_{하니} 如是等百萬億那由他大城中_에 所有
諸王_과 幷其眷屬_이 悉共往詣一切功德須彌勝
雲如來所_{하야} 頂禮佛足_{하고} 却坐一面_{이어늘}

다시 또 묘장엄성妙莊嚴城 십력행十力行 가루라왕이 있어 99천 권속으로 더불어 함께하였으며, 다시 또 유희쾌락성遊戱快樂城 금강덕金剛德 긴나라왕이 있어 18억 권속으로 더불어 함께하였으며, 다시 또 금강당성金剛幢城 보칭당寶稱幢 마후라가왕이 있어 3억백천 나유타 권속으로 더불어 함께하였으며, 다시 또 정묘장엄성淨妙莊嚴城 최승最勝 범왕이 있어 18억 권속으로 더불어 함께하였습니다. 이러한 백만억 나유타 큰 성 가운데 있는 바 모든 왕과 아울러 그 권속들이 모두 함께 일체공덕수미승운一切功德須彌勝雲 여래가 계신 곳에 나아가서 부처님 발에 예배하고 물러가 한쪽에 앉았습니다.

화엄경은 처음 청법 대중들이 동참할 때부터 불가설 불가설 불찰 미진수 대중들이 함께하였다. 십부十部의 제왕諸王들이 동참하는 것은 당연한 이치다. 그런데 제왕들의 권속 수가 왜 하필이면 그와 같은가는 알 길이 없다.

12) 부처님의 설법

(1) 경을 설하다

시피여래   위욕조복제중생고   어중회도
時彼如來가 **爲欲調伏諸衆生故**로 **於衆會道**

량해중   설보집일체삼세불자재법수다라
場海中에 **說普集一切三世佛自在法修多羅**하시니

세계미진수수다라   이위권속   수중생심
世界微塵數修多羅로 **而爲眷屬**이라 **隨衆生心**하야

실령획익
悉令獲益케하신대

그때에 저 여래가 모든 중생들을 조복하기 위한 고로 대중이 모인 도량바다에서 '일체 삼세의 부처님이

자재한 법을 널리 모은 수다라[普集一切三世佛自在法修多羅]'를 말씀하시니 세계의 미진수 수다라로 권속을 삼아서 중생들의 마음을 따라 모두 이익을 얻게 하였습니다.

어떤 경우라도 여래가 해야 할 일은 모든 중생들을 조복하기 위해서 법을 설하는 일이다. 사람들이 스스로 가지고 있는 불성 생명을 일깨우는 일이다. 모든 사람 모든 생명이 본래로 부처님이라는 사실을 가르치는 일이다. 그것을 '일체 삼세의 부처님이 자재한 법을 널리 모은 수다라'라고 하였다.

(2) 대위광大威光보살의 득법得法

시시 대위광보살 문시법이 즉획일체
是時에 **大威光菩薩**이 **聞是法已**하고 **卽獲一切**

공덕산수미승운불 숙세소집법해광명
功德山須彌勝雲佛의 **宿世所集法海光明**하니

소위득일체법취평등삼매지광명
所謂得一切法聚平等三昧智光明과

이때에 대위광보살이 이 설법을 듣고 나서 즉시에 일체공덕산수미승운一切功德山須彌勝雲 부처님이 지난 세상에 모으신 법의 바다 광명을 얻었습니다.

이른바 일체 법취法聚의 평등삼매인 지혜광명과,

대위광태자가 설법을 듣고 나서 즉시에 일체공덕산수미승운一切功德山須彌勝雲 부처님이 지난 세상에 모으신 법의 바다 광명을 얻음으로써 지위가 달라지고 명칭이 달라졌다. 태자에서 보살로 칭하게 되었다. 보통의 사람들도 불교와 인연을 맺으면 보살이나 거사나 행자나 스님 등등의 호칭을 얻는 것과 같은 이치다.

일체 법취法聚란 간략히 세 가지 뜻이 있다. 하나는 정정취와 사정취와 부정취며, 둘은 선과 악과 무기며, 셋은 일체법을 모두 거두어들이는 데 유위와 무위의 2종 법취에서 벗어나지 않는다[4]는 것이다.

---

4) 【一切法聚】, 略有三義 : 一, 正定等三. 二, 善惡等三. 三, 總收一切, 不出有爲無爲二種法聚.

六. 비로자나품毘盧遮那品

일체법실입최초보리심중주지광명
一切法悉入最初菩提心中住智光明과

일체 법이 다 최초 보리심 가운데 들어가서 머무는 지혜광명과,

큰마음의 지혜광명이다. 처음 발심한 때에 곧 정각을 이룬다는 이치다. 법을 얻은 것이 모두 지혜광명으로 표현되었다. 불법은 실로 모두가 지혜광명이다. 그러므로 대위광보살이 처음으로 얻은 법이 모두 지혜광명인 것이다.

시방법계보광명장청정안지광명
十方法界普光明藏淸淨眼智光明과

시방 법계의 넓은 광명 창고의 청정한 눈 지혜광명과,

큰 지혜의 지혜광명이다. 법계란 지혜광명으로 비추는 본체의 큰 모습이다. 넓은 광명이란 현상의 광대한 모습이다. 지혜광명이 법계에 두루 비친다는 의미다. 창고란 항하강의 모래 수와 같은 성품의 덕이 쌓였으므로 창고라 한다. 청정

은 망령된 미혹이 본래 공하다는 뜻이다. 밝게 보는 것을 눈이라 하는데 본성을 보면 육안도 부처님의 눈이 된다.[5]

관찰 일체 불법 대 원 해 지 광 명
觀察一切佛法大願海智光明과

일체 불법의 큰 원력바다를 관찰하는 지혜광명과,

큰 서원의 지혜광명이다. 모든 불법을 아는 데는 서원이 근본이 된다.[6] 서원은 꿈이며 원력이며 희망이며 기대감이다. 설사 불법이 아니더라도 사람이 살아가는 데 가장 중요한 것이 서원이며 꿈이며 열정이다.

---

5) 《三》大智智明:【法界】者, 所照之體大也.【普光明】者, 即相大也. 智慧光明遍照法界義故. 蘊恆沙性德故名為藏. 妄惑本空故云淸淨. 明見稱眼. 見性肉眼即同佛眼.
6) 《四》大願智明: 知諸佛法, 願為本故.

입무변공덕해청정행지광명
入無邊功德海淸淨行智光明과

끝없는 공덕바다에 들어가는 청정한 행의 지혜광명을 얻었습니다.

큰 행의 지혜광명이다. 끝없는 공덕의 바다에 들어가는 청정한 행이란 곧 본래로 일체를 구족한 생명의 원리를 깨달아 실천하는 것이다.

취향불퇴전대력속질장지광명
趣向不退轉大力速疾藏智光明과

또한 물러서지 않는 큰 힘의 빠른 창고로 향하여 나아가는 지혜광명과,

빠른 지혜의 광명을 밝혔다.

법계중무량변화력출리륜지광명
法界中無量變化力出離輪智光明과

법계 가운데 한량없이 변화하는 힘으로 벗어나는 바퀴의 지혜광명과,

신통 지혜의 광명을 밝혔다.

결 정 입 무 량 공 덕 원 만 해 지 광 명
決定入無量功德圓滿海智光明과

한량없는 공덕이 원만한 바다에 분명하게 들어가는 지혜광명과,

큰 복덕의 지혜광명을 밝혔다.

요 지 일 체 불 결 정 해 장 엄 성 취 해 지 광 명
了知一切佛決定解莊嚴成就海智光明과

일체 부처님의 분명한 이해로 장엄하고 성취한 바다를 요달하여 아는 지혜광명과,

크고 수승한 이해의 지혜광명을 밝혔다.

요 지 법 계 무 변 불 현 일 체 중 생 전 신 통 해 지 광
了知法界無邊佛現一切衆生前神通海智光

명
明과

법계의 한량없는 부처님이 일체 중생 앞에 나타내는 신통한 바다를 요달하여 아는 지혜광명과,

부처님 작용의 지혜광명이 법계에 두루 함을 밝혔다.

요 지 일 체 불 역 무 소 외 법 지 광 명
了知一切佛力無所畏法智光明이라

일체 부처님의 힘과 두려운 바가 없는 법을 요달하여 아는 지혜광명을 얻었습니다.

부처님 덕의 지혜광명을 밝혔다. 부처님 덕으로 마군들

을 항복받고 외도들을 제압한다. 마지막의 지혜광명을 얻은 것은 모두 부처님의 경계이므로 요달하여 아는 것이라고 하였다. 다른 것은 증득하여 아는 것이다.

(3) 대위광보살의 게송

爾時_에 大威光菩薩_이 得如是無量智光明已_에
<small>이시 대위광보살 득여시무량지광명이</small>

承佛威力_{하고} 而說頌言_{호대}
<small>승불위력 이설송언</small>

그때에 대위광보살이 이와 같은 한량없는 지혜광명을 얻고 나서 부처님의 위신력을 받들어 게송으로 말하였습니다.

1) 광명의 주체

我聞佛妙法_{하고}　　而得智光明_{일새}
<small>아문불묘법　　　　이 득지광명</small>

以是見世尊_의　　往昔所行事_{로다}
<small>이시견세존　　　　왕석소행사</small>

내가 부처님의 미묘한 법을 듣고
지혜광명을 얻었네.
이것으로 세존의
지난 옛적 행하신 일을 보도다.

대위광보살이 부처님의 미묘한 법문을 듣고 지혜광명을 얻음으로써 세존께서 지난 옛적에 수행하신 모든 일들을 보게 되었다고 하였다. 예컨대 한 사람에 대해서 제대로 알려면 그 사람이 공부하고 수행한 일체의 경험들을 다 파악해야만 이해할 수 있다. 하물며 부처님의 경지를 아는 데는 그 수행과 그 지혜가 얼마이어야 하겠는가.

2) 광명의 원인

일 체 소 생 처
一切所生處에

명 호 신 차 별
名號身差別과

급 공 양 어 불
及供養於佛을

여 시 아 함 견
如是我咸見이로다

온갖 곳에 태어나시고

명호와 몸이 차별하고
부처님께 공양하는
이와 같은 것을 내가 다 보도다.

왕 석 제 불 소
往昔諸佛所에

일 체 개 승 사
一切皆承事하고

무 량 겁 수 행
無量劫修行하사

엄 정 제 찰 해
嚴淨諸刹海로다

지난 옛적 모든 부처님의 처소에서
일체를 다 받들어 섬기고
한량없는 겁 동안 수행하사
모든 세계바다를 엄정하였네.

사 시 어 자 신
捨施於自身호대

광 대 무 애 제
廣大無涯際하고

수 치 최 승 행
修治最勝行하사

엄 정 제 찰 해
嚴淨諸刹海로다

자신의 몸을 버려서 보시하되

광대하게 하여 끝이 없으며

가장 훌륭한 행을 닦아

모든 세계바다를 엄정하였네.

이 비 두 수 족
耳鼻頭手足과

급 이 제 궁 전
及以諸宮殿을

사 지 무 유 량
捨之無有量하사

엄 정 제 찰 해
嚴淨諸刹海로다

귀와 코와 머리와 손과 발과

그리고 모든 궁전을

한량없이 희사하사

모든 세계바다를 엄정하였네.

능 어 일 일 찰
能於一一刹에

억 겁 부 사 의
億劫不思議로

수 습 보 리 행
修習菩提行하사

엄 정 제 찰 해
嚴淨諸刹海로다

능히 낱낱 세계에

부사의한 억겁 동안

보리행을 닦으사

모든 세계바다를 엄정하였네.

보현대원력 일체불해중
普賢大願力으로 **一切佛海中**에

수행무량행 엄정제찰해
修行無量行하사 **嚴淨諸刹海**로다

보현보살의 큰 원력으로

일체의 부처님바다 가운데

한량없는 행을 수행하사

모든 세계바다를 엄정하였네.

 대위광보살이 지혜광명을 얻은 원인에 대하여 밝혔다. 지혜광명을 얻었다는 것은 존재의 실상과 생명의 실상인 진리를 깨달았다는 뜻이다. 곧 불법을 터득한 것이다. 이와 같은 지혜광명을 얻으려면 보현보살의 큰 원력으로 끝없는 수행을 해야 한다. 또 낱낱 세계에서 불가사의한 겁 동안 지혜

六. 비로자나품 毘盧遮那品

와 자비의 보리행을 닦아야 한다. 또 귀와 코와 머리와 손과 발과 그리고 모든 궁전을 한량없이 희사해야 한다. 또 모든 부처님의 처소에서 일체를 다 받들어 섬겨야 한다. 이와 같은 것 등의 수행이 지혜광명을 얻은 원인이다.

여인일광조 환견어일륜
如因日光照하야 **還見於日輪**인달하야

아이불지광 견불소행도
我以佛智光으로 **見佛所行道**로다

마치 햇빛이 비침으로 인해서
다시 해를 보듯이
내가 부처님의 지혜광명으로
부처님의 행하신 도를 보도다.

대단히 중요한 이치며 또한 화엄경의 명구다. 부처님의 위대한 지혜와 자비와 교화와 원력 등을 이해하려면 스스로에게 그와 같은 지혜와 자비와 교화와 원력 등의 수행을 해야 그 지혜광명으로 부처님의 모든 세계를 이해하게 된다.

스스로에게 그와 같은 수행이 없는 사람은 부처님의 경계를 알지 못한다. 비유하자면 해를 보려면 햇빛이 있어야 하고 햇빛으로 결국 해를 보는 것과 같다. 참으로 절묘한 비유다.

3) 광명의 결과

아 관 불 찰 해　　　　　청 정 대 광 명
我觀佛刹海의　　　　**淸淨大光明**호니

적 정 증 보 리　　　　　법 계 실 주 변
寂靜證菩提하사　　　**法界悉周徧**이로다

내가 부처님 세계바다의
청정한 큰 광명을 보니
고요히 보리를 증득하사
법계에 다 두루 하도다.

대위광보살이 지혜광명을 얻은 결과에 대해서 밝혔다. 부처님 세계바다의 청정한 지혜광명을 보니 부처님은 보리를 증득하여 법계에 두루 하다고 하였다. 일체의 현상은 모두가 인과 관계로 이뤄져 있다. 하물며 수행을 통해서 보리를 증득하는 것이겠는가.

4) 발원發願

아 당 여 세 존	광 정 제 찰 해
我當如世尊이	**廣淨諸刹海**하야
이 불 위 신 력	수 습 보 리 행
以佛威神力으로	**修習菩提行**호리이다

내가 마땅히 세존과 같이
모든 세계바다를 널리 엄정하여
부처님의 위신력으로
보리행을 닦으리다.

불교를 꽃에 비유하면 지혜는 밝은 꽃이며, 자비는 아름다운 꽃이며, 교화는 향기 있는 꽃이며, 원력은 신선하여 생기가 넘치는 꽃이라고 할 수 있다. 그러므로 불교를 수행하고 실천하는 일이나 인생을 살아가는 일이나 무엇보다 중요한 것은 신선하고 생기가 넘치고 활력이 넘치는 원력, 서원,

꿈, 기대감, 열정을 가지는 것이다. 대위광보살은 끝으로 큰 원력으로 세존이 살아온 것과 같이 살겠다고 하는 원력과 꿈과 열정을 밝혔다.

(4) 대위광보살의 교화

諸_제佛_불子_자야 時_시에 大_대威_위光_광菩_보薩_살이 以_이見_견一_일切_체功_공德_덕山_산
須_수彌_미勝_승雲_운佛_불하고 承_승事_사供_공養_양故_고로 於_어如_여來_래所_소에 心_심得_득
悟_오了_료하나라

"여러 불자들이여, 그때에 대위광보살이 일체공덕산수미승운 부처님을 뵙고 받들어 섬기고 공양한 까닭에 여래의 처소에서 마음에 깨달음을 얻었느니라."

대위광보살은 부처님을 뵙고 받들어 섬기고 공양한 까닭에 깨달음을 얻었다고 하였다. 이렇게 깨닫고 나서 다음에는 일체 세상 사람들을 위해서 여래의 옛적 수행과 보살 수

행의 방편 등등을 나타내 보였다. 자신이 깨닫고 다른 이를 깨닫게 하는 일이다. 아래는 모두 세상 사람들을 위해서 나타내 보이는 열 가지 법이다.

爲一切世間_{하야} 顯示如來往昔行海_{하며} 顯示往昔菩薩行方便_{하며} 顯示一切佛功德海_{하며} 顯示普入一切法界淸淨智_{하며} 顯示一切道場中成佛自在力_{하며}

"그리고 일체 세간을 위하여 여래의 옛적 수행의 바다를 나타내 보이며, 지난 옛적 보살 수행의 방편을 나타내 보이며, 일체 부처님의 공덕바다를 나타내 보이며, 일체 법계에 두루 들어가는 청정한 지혜를 나타내 보이며, 일체 도량 가운데서 성불하는 자재한 힘을 나타내 보이느니라."

顯示佛力無畏無差別智하며 顯示普示現如來身하며 顯示不可思議佛神變하며 顯示莊嚴無量淸淨佛土하며 顯示普賢菩薩所有行願하야

"또 부처님의 힘과 두려움 없고 차별 없는 지혜를 나타내 보이며, 널리 나타내 보이는 여래의 몸을 나타내 보이며, 불가사의한 부처님의 신통변화를 나타내 보이며, 한량없이 청정한 불국토를 장엄함을 나타내 보이며, 보현보살이 소유한 행行과 원願을 나타내 보이느니라."

令如須彌山微塵數衆生으로 發菩提心하며 佛刹微塵數衆生으로 成就如來淸淨國土케하니라

"그래서 저 수미산 미진수의 중생으로 하여금 보리심을 발하게 하며, 불찰 미진수의 중생으로 하여금 여래의 청정한 국도를 성취하게 하느니라."

六. 비로자나품毘盧遮那品

앞에서는 대위광보살이 부처님의 광명을 입고 스스로 법을 얻은 내용을 자세히 밝혔고, 여기에는 스스로 깨달음을 말미암아 다른 사람을 깨닫게 함을 밝혔다. 열 가지 법을 설명하는데 앞에서 자신이 얻은 열한 가지 법과 같은 것도 있고 다른 것도 있다.

불교는 깨달음의 종교다. 깨달음이라면 스스로 깨닫는 자각自覺과 다른 이를 깨닫게 하는 각타覺他와 자신과 다른 이가 모두 함께 깨닫는 각행원만覺行圓滿을 말한다. 대위광보살은 스스로 깨닫고 나서 다른 이를 깨닫게 하는 사례를 들어 보였다.

(5) 부처님의 게송

爾時에 一切功德山須彌勝雲佛이 爲大威光
菩薩하사 而說頌言하시니라

그때에 일체공덕산수미승운 부처님이 대위광보살을 위하여 게송으로 말씀하셨습니다.

1〉발심을 찬탄하다

선재대위광
善哉大威光이여　　　　복장광명칭
福藏廣名稱하니

위리중생고
爲利衆生故로　　　　발취보리도
發趣菩提道로다

훌륭하도다, 대위광이여.

복덕의 창고로 명칭이 넓으니

중생들을 이익하게 하기 위해서

보리도菩提道에 나아가도다.

　

드디어 일체공덕산수미승운 부처님이 대위광보살을 위하여 게송으로 발심을 찬탄하고, 낮은 것과 수승한 것을 밝히고, 가피와 지혜 등을 찬탄하였다.

여획지광명
汝獲智光明하야　　　　법계실충변
法界悉充徧하니

복혜함광대
福慧咸廣大하야　　　　당득심지해
當得深智海로다

그대가 지혜광명을 얻어서
법계에 다 충만하니
복과 지혜가 모두 광대해서
깊은 지혜의 바다를 꼭 얻으리라.

불교를 공부하여 믿고 이해하며 수행을 쌓아서 궁극에 이르는 길은 지혜광명을 얻는 것이며 복덕과 지혜를 광대하게 하는 것이다. 부처님을 지혜와 복덕이 만족한 분이라고 하는 뜻이 이것이다.

일 찰 중 수 행　　　　　경 어 찰 진 겁
一刹中修行을　　　　　**經於刹塵劫**하니

여 여 견 어 아　　　　　당 획 여 시 지
如汝見於我하야　　　　**當獲如是智**로다

한 세계에서 수행하기를
세계 먼지 수 같은 겁을 지나니
그대가 나를 보는 것과 같이
이와 같은 지혜를 꼭 얻으리라.

2) 낮은 것과 수승한 것

비제열행자	능지차방편
非諸劣行者가	**能知此方便**이니

획대정진력	내능정찰해
獲大精進力하야사	**乃能淨刹海**로다

모든 하열下劣한 수행자는

이러한 방편을 알 수 없으니

큰 정진의 힘을 얻어야만

세계바다를 능히 엄정하도다.

일일미진중	무량겁수행
一一微塵中에	**無量劫修行**하야사

피인내능득	장엄제불찰
彼人乃能得	**莊嚴諸佛刹**이로다

낱낱 미진微塵 속에서

한량없는 겁 동안 수행해야만

그런 사람이 능히

모든 부처님의 세계를 장엄하도다.

六. 비로자나품毘盧遮那品

낱낱 작은 먼지 속에서 한량없는 겁 동안 수행하여 부처님의 세계를 장엄한 사람은 누구인가. 칠십 년 세월을 살아온 농부의 손등과 이마의 주름살에는 찌는 듯한 여름날의 태양도 있고, 시원한 한줄기 바람도 있다. 태풍을 맞았을 때의 절망도 있고, 늦은 가을 풍성한 수확으로 흐뭇한 미소도 있다. 어찌 한 먼지 속에 시방세계와 한량없는 겁이 없겠는가.

위 일 일 중 생
爲一一衆生하야

윤 회 경 겁 해
輪廻經劫海호대

기 심 불 피 해
其心不疲懈하야사

당 성 세 도 사
當成世導師로다

낱낱 중생을 위해서
겁의 바다를 지나면서 윤회하되
그 마음은 피로하거나 게으르지 않아야
마땅히 세상의 도사導師를 이루리라.

공양일일불	실진미래제
供養一一佛하야	**悉盡未來際**호대
심무잠피염	당성무상도
心無暫疲厭하야사	**當成無上道**로다

낱낱 부처님께 공양해서
미래가 다할 때까지 하되
마음에는 잠깐도 피로하거나 싫어함이 없어야
마땅히 최상의 도를 이루리라.

보살은 중생을 교화하기 위해서 자신은 윤회에서 벗어났으나 중생을 따라 다시 윤회를 하면서 중생을 교화한다. 아무리 오랜 세월 윤회하더라도 피로해하거나 지치지 않는다. 교화란 어떻게 하는가. 낱낱 중생들을 부처님으로 알고 공양하고 받드는 일이다. 불교가 아무리 많은 설명을 해도 결론은 낱낱 중생이 그대로 부처임을 알고 스스로 그 사실을 깨닫게 하는 것이다.

3〉 가피加被와 지혜

삼세일체불	당공만여원
三世一切佛이	**當共滿汝願**이니

일체불회중	여신안주피
一切佛會中에	**汝身安住彼**로다

삼세의 모든 부처님이

마땅히 함께 그대의 원願을 만족히 하리니

일체 부처님의 모임 가운데

그대의 몸이 그곳에 안주하도다.

일체제여래	서원무유변
一切諸如來가	**誓願無有邊**하시니

대지통달자	능지차방편
大智通達者가	**能知此方便**이로다

일체 모든 여래가

서원誓願이 끝이 없으시니

큰 지혜를 통달한 이는

능히 이 방편을 알리라.

삼세의 일체 부처님이 가피를 내려 대위광보살의 서원을 만족케 하는 내용이다. 그 또한 끝없는 일체 여래의 서원이다.

4〉 한 사람의 수행과 미진수 중생

| 대 광 공 양 아 | 고 획 대 위 력 |
| **大光供養我**_{일새} | **故獲大威力**_{하야} |

영 진 수 중 생 　　　　성 숙 향 보 리
令塵數衆生_{으로}　　**成熟向菩提**_{로다}

대위광이 나에게 공양할새

그러므로 큰 위신력을 얻어서

미진수의 중생들을

성숙케 하여 보리에 향하게 하네.

제 수 보 현 행 　　　　대 명 칭 보 살
諸修普賢行_{하는}　　**大名稱菩薩**_이

장 엄 불 찰 해 　　　　법 계 보 주 변
莊嚴佛刹海_{하야}　　**法界普周徧**_{이로다}

보현보살의 행원을 모두 닦는
큰 명칭 있는 보살이
부처님의 세계바다를 장엄해서
법계에 널리 두루 하도다.

대위광보살 한 사람이 부처님께 공양함으로 미진수의 중생들이 성숙하고 지혜와 자비의 보리도에 향하게 된다. 한 사람의 크나큰 원력이 수많은 사람들을 감동하게 하고 그 많은 사람이 또한 뒤를 따르게 되어 결국에는 모두 함께 큰 일을 성취하게 된다. 그러므로 처음부터 여러 사람이 같은 생각과 같은 원력을 가지고 동참하리라고 여겨서는 안 된다.

3. 제2 부처님의 출현

1) 부처님의 명호

諸佛子야 汝等은 應知彼大莊嚴劫中에 有恒河沙數小劫하야 人壽命이 二小劫이니 諸佛子야 彼一切功德山須彌勝雲佛은 壽命이 五十億歲어든 彼佛滅度後에 有佛出世하시니 名波羅蜜善眼莊嚴王이라 亦於彼摩尼華枝輪大林中에 而成正覺하시니라

"여러 불자들이여, 그대들은 마땅히 알라. 저 대장엄겁大莊嚴劫 가운데 항하의 모래 수와 같은 소小겁이 있으니 사람의 수명은 2소겁이었느니라. 모든 불자들이여,

저 일체공덕산수미승운一切功德山須彌勝雲 부처님은 수명이 50억 세歲이니라. 그 부처님이 멸도하신 후에 또 부처님이 출현하셨으니 이름이 바라밀선안장엄왕波羅蜜善眼莊嚴王이시니라. 역시 저 마니화지륜摩尼華枝輪 큰 숲속에서 정각正覺을 이루시었느니라."

　비로자나품은 대위광태자가 비로자나 부처님으로 출현하는 과정을 그리고 있다. 대위광이 태자로, 그리고 보살로 있는 동안 모시고 수행하던 일체공덕산수미승운 부처님은 50억 세의 세월이 지나고 드디어 열반에 들었다. 그리고 다시 또 부처님이 출현하였다. 그 부처님의 이름은 바라밀선안장엄왕이시다. 역시 앞에서 소개되었던 숲, 즉 마니화지륜摩尼華枝輪 큰 숲속에서 정각正覺을 이루시었다. 대위광태자는 이와 같이 부처님을 거듭거듭 친견하며 수행을 쌓아서 비로소 비로자나 부처님이 된다는 이야기다.

2) 대위광동자童子의 득법得法

爾時에 大威光童子가 見彼如來의 成等正覺하사
現神通力하고 卽得念佛三昧하니 名無邊海藏門이며
卽得陀羅尼하니 名大智力法淵이며

"그때 대위광동자가 그 여래께서 등정각等正覺을 이루어 신통력을 나타내심을 보고 염불삼매를 얻으니 이름이 무변해장문無邊海藏門이며, 곧 다라니를 얻었으니 이름이 대지력법연大智力法淵이니라."

앞에서 제1 부처님이 출현하셔서 대위광태자가 발심하고 법을 얻었으며, 부처님을 찬탄하고 다시 부처님으로부터 찬탄을 받았다. 이와 같은 과정을 지나서 다시 또 부처님이 출현하셨는데 그 부처님이 정각을 이루어 신통력을 나타내시는 것을 보고 법을 얻은 것을 밝혔다. 처음에는 염불삼매와 다라니를 얻었다.

即得大慈하니 名普隨衆生調伏度脫이며 即得
大悲하니 名徧覆一切境界雲이며 即得大喜하니 名
一切佛功德海威力藏이며 即得大捨하니 名法性
虛空平等淸淨이며

"곧 대자大慈를 얻었으니 이름이 보수중생조복도탈普隨衆生調伏度脫이며, 곧 대비大悲를 얻었으니 이름이 변부일체경계운徧覆一切境界雲이며, 곧 대희大喜를 얻었으니 이름이 일체불공덕해위력장一切佛功德海威力藏이며, 곧 대사大捨를 얻었으니 이름이 법성허공평등청정法性虛空平等淸淨이니라."

다음으로는 사무량심四無量心을 얻었다. 이 사무량심은 자신의 인격을 갖추는 데도 반드시 필요한 것이지만 타인을 교화하고 조복하는 데도 없어서는 안 될 법이다. 사무량심의 일반적인 해석은 중생에게 헤아릴 수 없는 복을 주는 네 가지 이타利他의 마음이다. 곧 즐거움을 베풀고자 하는 자무량심慈無量心과 어려움을 덜어 주려는 비무량심悲無量心과 중생이 행복을 얻는 것을 기뻐하는 희무량심喜無量心과 다른 사람에 대한 원한의 마음을 버리고 평등하게 대하는 사무량심捨無量心을 이른다.

卽得般若波羅蜜하니 名自性離垢法界淸淨身
즉득반야바라밀   명자성이구법계청정신

이며 卽得神通하니 名無礙光普隨現이며 卽得辯才하니
   즉득신통   명무애광보수현   즉득변재

名善入離垢淵이며 卽得智光하니 名一切佛法淸
명선입이구연   즉득지광   명일체불법청

淨藏이라 如是等十千法門을 皆得通達하니라
정장   여시등십천법문   개득통달

"곧 반야바라밀을 얻었으니 이름이 자성이구법계청정신自性離垢法界淸淨身이며, 곧 신통을 얻었으니 이름이 무애광보수현無礙光普隨現이며, 곧 변재를 얻었으니 이름이 선입이구연善入離垢淵이며, 곧 지혜광명을 얻었으니 이름이 일체불법청정장一切佛法淸淨藏이니라. 이와 같은 십천十千 법문을 모두 통달하였느니라."

다음으로는 반야바라밀과 신통과 변재와 지혜광명을 얻었다. 실은 이와 같은 법을 십천十千 가지를 얻었으나 여기에서는 간단히 대표적인 것만 몇 가지 밝혔다.

3) 대위광동자의 게송

爾時에 大威光童子가 承佛威力하고 爲諸眷屬하야 而說頌言호대

그때에 대위광동자가 부처님의 위신력을 받들어 모든 권속들을 위하여 게송을 설하였습니다.

(1) 친견親見하고 기뻐함

不可思議億劫中에　　**導世明師難一遇**어늘
(불가사의억겁중)　　　(도세명사난일우)

此土衆生多善利하야　　**而今得見第二佛**이로다
(차토중생다선리)　　　(이금득견제이불)

불가사의한 억겁劫 가운데
세상을 인도하는 밝은 스승 만나기 어려운데
이 국토 중생들 좋은 이익 많아서
지금 제2 부처님을 뵈옵게 되었도다.

인생난득人生難得이요, 불법난봉佛法難逢이라 하였다. 수많은 생명체 중에서 사람으로 태어나기 어려운데 그 확률을 맹구우목盲龜遇木과 같다고 하였다. 설사 사람으로 태어나더라도 불법을 만나기는 더욱 어렵고 불법을 만났어도 화엄경을 만나 깊이 있게 공부하기는 참으로 어렵고 어려운 일이다. 큰 선근이 있고 큰 이익이 있어야 불법을 만나고 다시 화엄경을 만난다.

(2) 부처님의 덕을 찬탄하다

불신보방대광명 　　　　 색상무변극청정
佛身普放大光明하시니　　**色相無邊極淸淨**이라

여운충만일체토 　　　　　 처처칭양불공덕
如雲充滿一切土하야　　**處處稱揚佛功德**이로다

부처님의 몸이 큰 광명을 널리 놓으시니
색상이 그지없고 지극히 청정하여
구름처럼 모든 국토에 충만하여
곳곳에서 부처님의 공덕을 찬탄하도다.

세존을 모신 대웅전이나 비로자나불을 모신 대적광전의 주련에는 위의 게송을 많이 걸어 두었다. 부처님을 표현하는 중요한 게송이다. 부처님은 지극히 청정한 광명이시다. 부처님은 이 세상에 둘도 없는 생명법을 가르치신 진리의 가르침이다. 그것이 부처님의 진실한 공덕이다. 이와 같은 부처님의 진리가 세상에 가득하건만 제대로 아는 이는 극히 드물다.

광명소조함환희　　　　중생유고실제멸
光明所照咸歡喜라　　**衆生有苦悉除滅**일새

각령공경기자심　　　　차시여래자재용
各令恭敬起慈心케하시니 **此是如來自在用**이로다

광명이 비치는 곳 다 환희하여
중생들의 고통을 다 소멸하네.
각각 공경하고 자비심을 일으키게 하시니
이것이 여래의 자재하신 작용일세.

생명법이 온 천하에 전해지고 진리의 가르침이 법계에 널리 퍼지면 그것을 듣는 사람들은 어떤 고통도 다 소멸된다. 사소한 생활상의 문제뿐만 아니라 심지어 죽음의 문제까지도 시원하게 해결할 수 있다. 사람에게는 본래로 구족성[本自具足]과 청정성[本自淸淨]과 불생멸성[本不生滅]과 부동성[本無動搖]과 무한창조성[能生萬法]이 갖춰져 있기 때문이다. 혜능대사는 금강경을 듣고 이와 같은 이치를 깨달아 천하의 6조가 되었다.

출 부 사 의 변 화 운 　　　　방 무 량 색 광 명 망
出不思議變化雲하고　　**放無量色光明網**하사

시 방 국 토 개 충 만 　　　　차 불 신 통 지 소 현
十方國土皆充滿하시니　　**此佛神通之所現**이로다

불가사의한 변화하는 구름을 내고

한량없는 색의 광명그물을 놓으사

시방 국토에 다 충만하시니

이것은 부처님의 신통력으로 나타내었네.

　어떻게 해서 불가사의한 변화하는 구름을 내고 한량없는 색의 광명그물을 놓을 수 있겠는가. 모든 사람의 생명에는 본래로 불성이니 자성이니 하는 천 가지로 변하고 만 가지로 화하는 천변만화성千變萬化性이 갖춰져 있기 때문이다. 어디 그뿐인가. 모든 존재와 함께하는 능력인 불이성, 일체를 빠뜨리지 않고 일일이 살피는 관찰성, 그 무엇과도 교감하고 소통하는 통신성, 천지만물로 더불어 본래 하나인 통일성, 어디서 무엇이 되든 언제나 수처작주隨處作主하는 주체성도 갖춰져 있으며 보는 신통, 듣는 신통, 냄새 맡는 신통, 맛보는 신통, 감수하는 신통, 아는 신통, 손발을 움직이는

신통, 걸어 다니는 신통, 물건을 잡는 신통, 글씨를 쓰는 신통 등도 빠짐없이 갖춰져 있기 때문이다.

일일모공현광운
一一毛孔現光雲하사
보변허공발대음
普徧虛空發大音하고
소유유명미부조
所有幽冥靡不照하사
지옥중고함영멸
地獄衆苦咸令滅이로다

낱낱 모공毛孔에서 광명구름을 나타내사
허공에 두루두루 큰 음성을 내고
모든 어두운 곳을 다 비추사
지옥의 온갖 고통 다 소멸하도다.

진리의 가르침인 낱낱 구절 낱낱 광명이 허공에 두루 가득하여 음성을 낸다. 그것은 곧 화엄경이다. 화엄경의 가르침으로 본래 갖춘 불성과 자성과 생명성을 깨달으면 해결하지 못할 문제가 없으며 소멸하지 못할 고통이 없다.

여래묘음변시방
如來妙音徧十方하사

일체언음함구연
一切言音咸具演하사대

수제중생숙선력
隨諸眾生宿善力하시니

차시대사신변용
此是大師神變用이로다

여래의 미묘한 음성 시방에 두루 하사

일체 말씀을 다 갖추어 내시되

모든 중생들의 숙세의 선근력을 따르시니

이것은 대사大師의 신통변화의 작용일세.

무량무변대중해
無量無邊大眾海에

불어기중개출현
佛於其中皆出現하사

보전무진묘법륜
普轉無盡妙法輪하사

조복일체제중생
調伏一切諸眾生이로다

한량없고 끝이 없는 대중바다에

부처님이 그 가운데 다 출현하사

다함없는 묘법륜妙法輪을 널리 굴리사

일체 모든 중생들을 조복하시네.

불신통력무유변	일체찰중개출현
佛神通力無有邊하사	**一切刹中皆出現**하시니
선서여시지무애	위리중생성정각
善逝如是智無礙하사	**爲利衆生成正覺**이로다

부처님의 신통력 끝이 없으사

일체 세계에 다 출현하시니

선서善逝의 이러한 지혜 걸림이 없어

중생을 이롭게 하려고 정각을 이루었네.

    과거의 부처님이나 미래의 부처님이나 현재의 부처님이나 부처님은 모두 다 중생을 이롭게 하려고 정각을 이루었다. 또한 삼세의 모든 부처님은 세상에 출현하시어 다함없는 법륜을 굴리어 중생들을 조복하려고 하신 것이다. 그러므로 불교를 공부하는 사람이나 불법을 수행하는 사람들은 언제나 부처님이 세상에 출현하신 그 한 가지 목적에서 벗어나면 안 된다. 자신의 이익을 위한 것은 불법이 아니다.

(3) 귀의를 권청함

| 여등응생환희심 | 용약애락극존중 |
| **汝等應生歡喜心**하야 | **踊躍愛樂極尊重**하라 |

| 아당여여동예피 | 약견여래중고멸 |
| **我當與汝同詣彼**니 | **若見如來衆苦滅**하리라 |

그대들은 응당 환희심을 내어서

뛸 듯이 기뻐하며 존중하여라.

나도 그대들과 함께 그곳에 나아가리니

만약 여래를 친견하면 모든 고통 소멸하리라.

| 발심회향취보리 | 자념일체제중생 |
| **發心迴向趣菩提**하고 | **慈念一切諸衆生**하야 |

| 실주보현광대원 | 당여법왕득자재 |
| **悉住普賢廣大願**이면 | **當如法王得自在**리라 |

발심하고 회향해서 보리에 나아가고

일체 모든 중생들을 자비로 생각해서

보현의 광대한 원願에 다 머물면

마땅히 법왕처럼 자재를 얻으리라.

대위광동자가 제2 부처님의 출현을 만나 큰 깨달음을 얻고 환희하여 기쁜 마음으로 그들의 권속들에게까지 부처님께 나아가기를 권청하는 게송이다.

만약 여래를 친견하면 자신은 스스로 고통을 소멸하고 보다 더 많은 사람들에게 큰 이익을 베풀게 되는 보살의 길을 간단히 설명하였다. 끝으로 "발심하고 회향해서 보리에 나아가고 일체 모든 중생들을 자비로 생각해서 보현의 광대한 원願에 다 머물면 마땅히 법왕처럼 자재를 얻으리라."라고 하였다.

(4) 무량중생 발보리심

諸佛子야 大威光童子가 說此頌時에 以佛神力으로 其聲이 無礙하야 一切世界가 皆悉得聞하고 無量衆生이 發菩提心하니라

"모든 불자들이여, 대위광동자가 이 게송을 말할 때

에 부처님의 신비한 힘으로 그 음성이 걸림이 없어서 일체 세계가 다 듣고 한량없는 중생들이 보리심을 내었느니라."

대위광동자가 설하는 훌륭한 게송을 일체 세계에서 다 듣고 한량없는 중생들이 보리심을 발하게 되었다. 자신도 깨닫고 타인도 깨닫는, 그야말로 자타일시성불도自他一時成佛道의 본보기이다.

4) 부처님이 경을 설함

시   대위광왕자   여기부모   병제권속   급
時에 大威光王子가 與其父母와 幷諸眷屬과 及

무량백천억나유타중생   전후위요   보개
無量百千億那由他衆生으로 前後圍遶하야 寶蓋

여운   변부허공   공예바라밀선안장엄왕
如雲하야 徧覆虛空하고 共詣波羅蜜善眼莊嚴王

여래소   기불   위설법계체성청정장엄수다
如來所한대 其佛이 爲說法界體性淸淨莊嚴修多

라　　　세계해미진등수다라　　이위권속
羅하시니 **世界海微塵等修多羅**로 **而爲眷屬**이라

"그때에 대위광왕자가 그의 부모와 권속들과 한량없는 백천억 나유타 중생들에게 앞뒤로 둘러싸이고, 보배 덮개가 구름같이 허공에 두루 덮이어, 바라밀선안장엄왕波羅蜜善眼莊嚴王 여래가 계신 곳에 함께 나아갔느니라. 그 부처님이 법계체성청정장엄수다라法界體性淸淨莊嚴修多羅를 말씀하셨는데 세계바다 미진수 수다라로 권속을 삼았느니라."

대위광왕자가 게송을 설하고 나서 그의 부모와 권속들과 한량없는 백천억 나유타 중생들에게 앞뒤로 둘러싸여 제2의 부처님이 계신 처소에 이르렀다. 그 부처님께서 경을 설하셨는데 '법계체성청정장엄수다라法界體性淸淨莊嚴修多羅'라는 경이다. 경의 제목을 부연하면 '법계의 체성이 본래로 청정하게 장엄되어 있다는 내용의 가르침'이라는 뜻이다. "법계의 체성이 본래로 청정하게 장엄되어 있다."는 것은 우리가 사는 이 세상이나 우리가 알 수 없는 미세한 세계나 수백억 광년 저 멀리 있는 세계나 모두가 한결같이 아름답고 청정하여

완전무결한 세계라는 뜻이다.

　이러한 관점은 화엄경이 지향하는 안목이어서 우리가 사는 세계는 처음부터 모두가 화장장엄세계라고 보기 때문이다. 세계뿐만 아니라 그 세계에 사는 모든 사람과 모든 생명이 본래로 완전무결한 불성과 자성과 진여법성과 생명법을 소유하여 아무런 장애가 없고 아무런 결함이 없다. 무궁무진한 제불의 덕성과 신통묘용을 지녔기 때문에 천변만화로 스스로 작용하는 것이다.

5) 경을 듣고 이익을 얻다

彼諸大衆이 **聞此經已**하고 **得淸淨智**하니 **名入一切淨方便**이며
피제대중　문차경이　득청정지　명입일체정방편

　"저 모든 대중들이 이 경을 듣고 청정한 지혜를 얻었으니, 이름이 '일체 법이 청정한 경계에 들어가는 방편[入一切淨方便]'이니라."

부처님께서 설하시는 경을 듣고 나니 대위광왕자와 그의 부모와 권속들과 한량없는 백천억 나유타 중생들이 큰 이익을 얻었다. 모두 열 가지 이익인데 청량스님은 10지地와 10바라밀에 배속하여 볼 수 있다고 하였다. 즉 매 지위마다 일일이 하나의 바라밀을 얻었다는 뜻이다.

1은 일체 법이 본래로 청정함을 통달하여 아는 것을 청정한 지혜라고 한다. 청정한 경계에 들어가더라도 청정상을 취하지 않는 것이 방편이다. 초지初地에 증득해 들어간 지혜다.[7] 이와 같이 일일이 배대하였으나 번거로움을 피하기 위하여 더 이상은 인용하지 않는다.

得於地하니 名離垢光明이며 得波羅蜜輪하니 名

示現一切世間愛樂莊嚴이며 得增廣行輪하니 名

普入一切刹土無邊光明淸淨見이며 得趣向行輪

---

[7] 一者達一切法本來淸淨名淸淨智. 不取淨相是名方便. 卽初地入證之智也.

하니 名離垢福德雲光明幢이니라

"지위를 얻었으니, 이름이 '때를 떠난 광명[離垢光明]'이니라. 바라밀바퀴를 얻었으니, 이름이 '일체 세간의 즐거움을 나타내 보이는 장엄[示現一切世間愛樂莊嚴]'이니라. 늘리고 넓히는 수행바퀴를 얻었으니, 이름이 '일체 세계에 널리 들어가는 끝없는 광명의 청정한 견해[普入一切刹土無邊光明淸淨見]'이니라. 향하여 나아가는 수행바퀴를 얻었으니, 이름이 '때를 떠난 복덕구름의 광명깃발[離垢福德雲光明幢]'이니라."

得隨入證輪하니 名一切法海廣大光明이며 得轉深發趣行하니 名大智莊嚴이며 得灌頂智慧海하니 名無功用修極妙見이며 得顯了大光明하니 名如來功德海相光影徧照며 得出生願力淸淨智하니

명 무 량 원 력 신 해 장
名無量願力信解藏이러라

"따라 증득해 들어가는 바퀴를 얻었으니, 이름이 '일체 법의 바다가 광대한 광명[一切法海廣大光明]'이니라. 점점 깊이 나아가는 행행行을 얻었으니, 이름이 '큰 지혜로 장엄함[大智莊嚴]'이니라. 관정灌頂하는 지혜바다를 얻었으니, 이름이 '공용이 없는 수행의 지극히 미묘한 견해[無功用修極妙見]'이니라. 밝게 아는 큰 광명을 얻었으니, 이름이 '여래공덕바다 모양의 광명이 두루 비침[如來功德海相光影徧照]'이니라. 원력을 내는 청정한 지혜를 얻었으니, 이름이 '한량없는 원력과 신해의 창고[無量願力信解藏]'이니라."

일체 대중들은 위와 같은 열 가지 이익을 얻었다. 부처님이 경을 설하면 현전 대중들은 그처럼 곧바로 이익을 얻는다. 오늘날의 법사도 경을 설한다. 또 경을 설하는 것을 듣는 사람도 많다. 위와 같은 큰 이익은 아니더라도 가끔은 감동하여 마음이 시원해지는 사람이 있다. 또 그 자리에서 눈물을 흘리는 사람도 있다. 인터넷에 올려놓은 강의나 글을 보고 크게 감동하여 고마움을 말하는 사람도 많다. 어떤 경우는 경전이나 어록을 강설한 책을 읽고 눈을 뜨고 깨달음에 이르러 마음이 편안해진 사람도 있다. 그러므로 불교의 정법을 알리기 위해 부단히 정진하고 또 정진해야 한다. 만 중생의 눈을 열어 주고 이익을 위해서 널리 법공양하고 또 법공양해야 할 것이다. 일만 권의 법공양으로 한 사람이 감동하고 한 사람이 눈을 뜬다 하더라도 얼마나 큰 소득인가.

6) 부처님이 게송을 설하다

時_에 彼佛_이 爲大威光菩薩_{하사} 而說頌言_{하사대}

그때에 부처님이 대위광보살을 위하여 게송으로 말씀하셨습니다.

(1) 수승한 덕을 찬탄하다

善哉功德智慧海_여　　發心趣向大菩提_{하니}

여 당 득 불 부 사 의　　　　보 위 중 생 작 의 처
汝當得佛不思議하야　**普爲衆生作依處**로다

훌륭하도다, 공덕과 지혜의 바다여!
발심해서 큰 깨달음에 나아가니
그대는 마땅히 부처님의 불가사의를 얻어서
널리 중생을 위해서 의지처가 되리라.

바라밀선안장엄왕波羅蜜善眼莊嚴王 여래께서 게송으로 대위광보살을 한껏 찬탄하셨다. "훌륭하도다, 공덕과 지혜의 바다여! 발심해서 큰 깨달음에 나아가니, 그대는 마땅히 부처님의 불가사의를 얻어서 널리 중생을 위해서 의지처가 되리라."라고 하였으니 이보다 더한 찬탄은 없으리라.

여 이 출 생 대 지 해　　　　실 능 변 료 일 체 법
汝已出生大智海하야　**悉能徧了一切法**하니
당 이 난 사 묘 방 편　　　　입 불 무 진 소 행 경
當以難思妙方便으로　**入佛無盡所行境**이로다

그대는 이미 큰 지혜바다를 출생하여

능히 일체 법을 두루 다 아니

마땅히 생각하기 어려운 미묘한 방편으로

부처님이 다함없이 행한 경계에 들어가리라.

이 견 제 불 공 덕 운　　　이 입 무 진 지 혜 지
已見諸佛功德雲하고　　**已入無盡智慧地**하니

제 바 라 밀 방 편 해　　　대 명 칭 자 당 만 족
諸波羅蜜方便海를　　　**大名稱者當滿足**이로다

이미 모든 부처님의 공덕구름을 보고

이미 다함없는 지혜의 땅에 들어갔으니

모든 바라밀과 방편바다를

큰 명칭 있는 이가 마땅히 만족하리.

이 득 방 편 총 지 문　　　급 이 무 진 변 재 문
已得方便總持門과　　　**及以無盡辯才門**하야

종 종 행 원 개 수 습　　　당 성 무 등 대 지 혜
種種行願皆修習하니　　**當成無等大智慧**로다

이미 방편문과 총지문과

다함없는 변재문을 얻어서

갖가지 행行과 원願을 다 닦으니

마땅히 짝이 없는 큰 지혜를 이루리라.

여 이 출 생 제 원 해　　여 이 입 어 삼 매 해
汝已出生諸願海하고　**汝已入於三昧海**하니

당 구 종 종 대 신 통　　불 가 사 의 제 불 법
當具種種大神通과　**不可思議諸佛法**이로다

그대는 이미 서원바다를 내고

그대는 이미 삼매바다에 들어갔으니

마땅히 가지가지 큰 신통과

불가사의한 모든 불법을 다 갖추리라.

구 경 법 계 부 사 의　　광 대 심 심 이 청 정
究竟法界不思議에　**廣大深心已淸淨**하니

보 견 시 방 일 체 불　　이 구 장 엄 중 찰 해
普見十方一切佛의　**離垢莊嚴衆刹海**로다

구경법계究竟法界의 부사의에

六. 비로자나품毘盧遮那品

넓고 크고 깊은 마음 이미 청정했으니
시방 모든 부처님의
때 없는 장엄의 온갖 세계바다를 널리 보도다.

부처님께서 법을 얻은 것에 대하여 찬탄한다는 것은 곧 부처님이 법을 인가한 것이다. 제1 부처님으로부터 인가를 받았으며, 제2 부처님에게도 인가를 받았다. 내용도 또한 구체적으로 낱낱이 들어 가면서 찬탄하셨다. 지혜바다와 공덕바다와 방편과 총지와 변재와 행원과 서원과 삼매 등등 일체 법에 대하여 일일이 인가를 받은 것이다.

(2) 부처님과 같은 수행

여 이 입 아 보 리 행　　　　석 시 본 사 방 편 해
汝已入我菩提行과　　　**昔時本事方便海**하야

여 아 수 행 소 정 치　　　　여 시 묘 행 여 개 오
如我修行所淨治하니　　**如是妙行汝皆悟**로다

그대는 이미 나의 보리행과
옛적 본사本事의 방편바다에 들어가서

나의 수행함과 같이 청정히 닦았으니

이러한 묘한 행을 그대는 다 깨달았도다.

아 어 무 량 일 일 찰　　　　종 종 공 양 제 불 해
我於無量一一刹에　　　**種種供養諸佛海**호니

여 피 수 행 소 득 과　　　　여 시 장 엄 여 함 견
如彼修行所得果의　　　**如是莊嚴汝咸見**이로다

내가 한량없는 낱낱 세계에

가지가지로 모든 부처님께 공양했으니

그와 같은 수행으로 얻은 과보의

이러한 장엄을 그대가 다 보았도다.

광 대 겁 해 무 유 진　　　　일 체 찰 중 수 정 행
廣大劫海無有盡에　　　**一切刹中修淨行**하야

견 고 서 원 불 가 사　　　　당 득 여 래 차 신 력
堅固誓願不可思니　　　**當得如來此神力**이로다

광대하여 다함없는 겁劫바다의

일체 세계에서 청정한 행을 닦아

六. 비로자나품毘盧遮那品

견고한 서원이 불가사의하니
여래의 이러한 위신력을 마땅히 얻으리라.

제불공양진무여　　　국토장엄실청정
諸佛供養盡無餘하고　　**國土莊嚴悉淸淨**하야

일체겁중수묘행　　　여당성불대공덕
一切劫中修妙行호니　**汝當成佛大功德**이로다

모든 부처님께 남김없이 공양하고
국토의 장엄을 다 청정하게 해서
일체 겁 동안 미묘한 행을 닦으니
그대는 마땅히 부처님의 큰 공덕을 이루리라.

대위광보살의 수행이 부처님의 수행과 같다는 인가를 받았다. 보리행과 본사本事의 방편바다와 부처님께 공양함과 견고한 서원과 부처님의 큰 공덕까지 받을 수 있는 인가는 모두 다 받은 것이다. 이 얼마나 큰 영광인가. 영광과 함께 그 의무 또한 크리라.

4. 제3 부처님의 출현

1) 전륜왕轉輪王

諸_제佛_불子_자야 波_바羅_라蜜_밀善_선眼_안莊_장嚴_엄王_왕如_여來_래가 入_입涅_열槃_반已_이에 喜_희見_견善_선慧_혜王_왕이 尋_심亦_역去_거世_세하니 大_대威_위光_광童_동子_자가 受_수轉_전輪_륜王_왕位_위하니라

"모든 불자들이여, 바라밀선안장엄왕波羅蜜善眼莊嚴王 여래께서 열반에 드시고, 희견선혜왕喜見善慧王이 이어서 또한 세상을 버리시니, 대위광동자가 전륜왕의 지위를 이어받았느니라."

비로자나 부처님의 전신인 대위광보살이 드디어 전륜왕

이 되는 과정을 밝혔다. 그동안 받들어 모시던 부처님이 열반에 드시고 이어서 부왕도 세상을 버리게 되어 세습되어 오던 군왕제도에 의해서 태자인 대위광보살이 뒤를 이어 전륜왕이 되었다.

2) 제3 여래의 출현

<u>피마니화지륜대림중</u>　<u>제삼여래</u>　<u>출현어</u>
彼摩尼華枝輪大林中에 **第三如來**가 **出現於**

<u>세</u>　　<u>명최승공덕해</u>　<u>시</u>　<u>대위광전륜성왕</u>
世하시니 **名最勝功德海**라 **時**에 **大威光轉輪聖王**이

<u>견피여래</u>　<u>성불지상</u>　　<u>여기권속</u>　<u>급사병중</u>
見彼如來의 **成佛之相**하고 **與其眷屬**과 **及四兵衆**과

<u>성읍취락</u>　<u>일체인민</u>　<u>병지칠보</u>　<u>구왕불소</u>
城邑聚落에 **一切人民**으로 **幷持七寶**하고 **俱往佛所**

　<u>이일체향마니장엄대누각</u>　<u>봉상어불</u>
하야 **以一切香摩尼莊嚴大樓閣**으로 **奉上於佛**하니라

"저 마니화지륜摩尼華枝輪 큰 숲 가운데 제3 여래가 세

상에 출현하시니 이름이 최승공덕해最勝功德海이시니라. 그때에 대위광 전륜성왕이 저 여래가 성불하시는 모습을 보고 그의 권속들과 사병四兵과 도성과 마을의 모든 인민과 더불어 칠보를 가지고 함께 부처님 계신 곳에 가서 온갖 향마니로 장엄한 큰 누각을 부처님께 받들어 올렸느니라."

제3 여래의 명호는 최승공덕해最勝功德海다. 가장 수승한 공덕의 바다란 무엇인가. 모든 사람들이 구족성[本自具足]과 청정성[本自清淨]과 불생멸성[本不生滅]과 부동성[本無動搖]과 무한창조성[能生萬法]을 본래로 다 갖추고 있는 불성이며 자성이며 진여법성이다. 보는 신통과 듣는 신통과 냄새 맡는 신통과 맛보는 신통과 감수하는 신통과 아는 신통과 손발을 움직이는 신통과 걸어 다니는 신통과 물건을 잡는 신통과 글씨를 쓰고 읽는 신통을 본래로 다 갖추고 있는 원만구족하며 천변만화하는 능력이다. 이것이 곧 가장 수승한 공덕바다다. 이와 같은 자기불성이 눈에 들어오고 앞에 나타난 사실이 곧 부처님의 출현이다. 어찌 공양하지 않으랴. 어찌 일체

인민들과 함께하지 않겠는가.

3) 부처님이 경을 설하다

時_시彼_피如_여來_래가 於_어其_기林_임中_중에 說_설菩_보薩_살普_보眼_안光_광明_명行_행
修_수多_다羅_라하시니 世_세界_계微_미塵_진數_수修_수多_다羅_라로 而_이爲_위眷_권屬_속이라

"그때에 저 여래께서 마니화지륜摩尼華枝輪 큰 숲속에서 보살보안광명행수다라菩薩普眼光明行修多羅를 말씀하시니 세계 미진수 수다라로 그 권속을 삼았느니라."

부처님이 출현하시어 성불하시면 자신이 깨달은 진리의 내용을 설법하신다. 설법으로써 중생들의 눈을 열어 주고 어리석음을 제거해 주는 것은 모든 부처님의 의무다. 누구나 불교를 공부하여 얼마간의 깨달음이 있다면 반드시 자신이 아는 것을 다른 사람들에게 가르쳐 주고 깨우쳐 주어야 하리라. 만약 10년을 믿고도 다른 사람을 깨우쳐 주지 못한다

면 그것은 배은망덕背恩忘德한 일이며 큰 빚을 지는 일이다. "가령 부처님을 머리에 이고 수만 년을 지내거나, 이 몸이 드넓은 평상이 되어 부처님을 모시더라도 만약 법을 전하여 사람들을 제도하지 아니하면 끝내 부처님의 은혜를 갚을 수 없으리라."[8] 라고 하지 않았던가.

4) 대위광보살의 삼매

爾時에 大威光菩薩이 聞此法已하고 得三昧하니 名大福德普光明이라 得此三昧故로 悉能了知一切菩薩과 一切衆生의 過現未來福非福海하니라

"그때에 대위광보살이 이 법을 듣고 나서 삼매를 얻었으니, 이름이 대복덕보광명大福德普光明이니라. 이 삼매

---

8) 假使頂戴經塵劫 身爲床座遍三千 若不傳法度衆生 畢竟無能報恩者.

를 얻은 까닭에 일체 보살과 일체 중생의 과거, 현재, 미래의 복덕과 복덕이 아닌 바다를 모두 능히 밝게 알았느니라."

부처님의 설법을 들은 대위광보살은 다시 삼매를 얻었다. 삼매의 이름은 대복덕보광명大福德普光明이다. 이 삼매를 통해서 일체 보살과 일체 중생의 복덕과 복덕이 아닌 것을 밝게 알았다고 하였다. 세상 사람들은 얼마나 복덕을 좋아하는가. 그런데 자신이 지은 행위가 복덕이 되라고 생각하였으나 실로 복덕이 되는 것인지 복덕이 아닌지를 분명하게 아는 사람은 없다. 만약 지은 일에 대해서 확실한 자신이 없다면 이미 소유하고 있는 본래의 복덕에 눈을 떠야 할 것이다. 본래의 복덕이란 무엇인가. 천백억 화신인 참사람 참생명의 법칙이 엮여서 연기적 관계로 돌아가고 있음을 아는 생명체가 곧 그것이다.

5) 부처님이 게송을 설하다

시   피불   위대위광보살   이설송언
時에 **彼佛**이 **爲大威光菩薩**하사 **而說頌言**하사대

그때에 저 부처님이 대위광보살을 위하여 게송으로 설하였느니라.

(1) 보리심을 갖추다

선 재 복 덕 대 위 광   여 등 금 래 지 아 소
善哉福德大威光이여   **汝等今來至我所**하야

민 념 일 체 중 생 해   발 승 보 리 대 원 심
愍念一切衆生海하야   **發勝菩提大願心**이로다

훌륭하도다, 복덕 갖춘 대위광보살이여.

그대들이 지금 나의 처소에 와서

일체 중생바다를 불쌍히 생각해서

수승한 보리와 큰 원력의 마음을 내었도다.

제3 부처님이 출현하시어 다시 대위광보살이 훌륭함을 게송으로 찬탄하였다. 일체 중생들을 불쌍히 여겨서 그들을

제도하기 위하여 보리심을 내고 다시 큰 원력을 세운 것에 대하여 찬탄한 것이다.

여위일체고중생
汝爲一切苦衆生하야

기대비심영해탈
起大悲心令解脫하니

당작군미소의호
當作群迷所依怙라

시명보살방편행
是名菩薩方便行이로다

그대는 일체 고통받는 중생을 위해서
대자비심을 일으켜서 해탈하게 하니
마땅히 온갖 미혹한 이들의 의지가 되라.
이것이 이름이 보살의 방편행方便行이라네.

부처님과 보살들은 이 세상에 왜 출현하는가. 고통받는 일체 중생을 구제하기 위해서다. 큰 자비심을 일으켜 그들을 고통으로부터 해탈케 하기 위해서다. 미혹한 사람들의 의지처가 되기 위해서다. 이것이 보살의 방편행이다.

약유보살능견고   수제승행무염태
若有菩薩能堅固하야   **修諸勝行無厭怠**하면

최승최상무애해   여시묘지피당득
最勝最上無礙解인   **如是妙智彼當得**이로다

만약 보살이 능히 견고함이 있어서

모든 수승한 행을 닦아 게으르지 않으면

가장 훌륭하고 가장 높은 걸림 없는 이해의

이러한 묘한 지혜를 그는 꼭 얻으리라.

복덕광자복당자   복덕처자복해자
福德光者福幢者와   **福德處者福海者**인

보현보살소유원   시여대광능취입
普賢菩薩所有願에   **是汝大光能趣入**이로다

복덕의 광명과 복덕의 깃대와

복덕의 처소와 복덕의 바다인

보현보살의 서원에

그대 대위광도 능히 들어갔도다.

불교에서 세상 사람들을 위해서 교회 활동을 하고 구제

사업을 하고 봉사 활동을 하는 등의 일을 보살행이라 한다. 설사 성불을 해서 부처가 되었더라도 다시 보살로서 보살행을 하는 것이 불교가 하는 일이다. 보살에는 여러 보살들이 있는데 대표적인 보살이 문수, 보현, 관음, 지장보살이다. 이 네 보살을 불교의 사대보살이라 한다. 그 가운데서 다시 한 보살을 고른다면 당연히 보현보살이다. 화엄경에서는 보현보살의 행원을 결론으로 삼는다. 보현보살의 10대 행원은 참으로 위대하다. 그래서 보현보살의 서원을 복덕의 광명, 복덕의 깃발, 복덕의 처소, 복덕의 바다라고 표현하였다. 대위광보살이 드디어 그와 같은 서원에 들어갔다고 하였다.

(2) 부처님의 경계에 들어가다

여 능 이 차 광 대 원
汝能以此廣大願으로

입 부 사 의 제 불 해
入不思議諸佛海하니

제 불 복 해 무 유 변
諸佛福海無有邊이어늘

여 이 묘 해 개 능 견
汝以妙解皆能見이로다

그대가 능히 이 광대한 서원으로
불가사의한 모든 부처님바다에 들어가니

모든 부처님의 복의 바다가 끝이 없거늘
그대가 묘한 이해로 다 능히 보도다.

대위광보살이 드디어 광대한 서원으로 불가사의한 부처님의 경계에 들어가는 것을 밝혔다. 부처님의 복의 바다가 끝이 없어도 대위광보살의 미묘한 이해로 능히 다 본다.

여 어 시 방 국 토 중　　　실 견 무 량 무 변 불
汝於十方國土中에　　**悉見無量無邊佛**하니
피 불 왕 석 제 행 해　　　여 시 일 체 여 함 견
彼佛往昔諸行海여　　**如是一切汝咸見**이로다

그대가 시방국토 가운데서
한량없고 끝없는 부처님을 다 보니
저 부처님의 지난 옛적 모든 행行의 바다를
이러한 모든 것을 그대가 다 보도다.

약 유 주 차 방 편 해　　　필 득 입 어 지 지 중
若有住此方便海하면　　**必得入於智地中**하리니

六. 비로자나품 毘盧遮那品

차 시 수 순 제 불 학   결 정 당 성 일 체 지
此是隨順諸佛學이라   **決定當成一切智**로다

만약 이러한 방편바다에 머물면

반드시 지혜의 땅에 들어가리니

이것은 모든 부처님을 따라 배움이니

결정코 일체 지혜를 이루리라.

여 어 일 체 찰 해 중   미 진 겁 해 수 제 행
汝於一切刹海中에   **微塵劫海修諸行**하니

일 체 여 래 제 행 해   여 개 학 이 당 성 불
一切如來諸行海를   **汝皆學已當成佛**이로다

그대는 일체 세계바다 가운데서

미진겁 동안 모든 행을 닦았으며

일체 여래의 모든 행의 바다를

그대가 다 배웠으니 마땅히 성불하리라.

시방국토에서 한량없고 끝이 없는 부처님을 다 보고 다시 부처님의 지난 옛적 행하신 수행까지 다 본다. 이와 같은

방편바다에 머물면 분명히 부처님이 이루신 일체 지혜를 이루게 된다. 또한 여래의 행을 다 배워 마땅히 성불하리라고 찬탄하였다.

(3) 불과佛果의 모습

| 여여소견시방중 | 일체찰해개엄정 |
| **如汝所見十方中**에 | **一切刹海皆嚴淨**하야 |

| 여찰엄정역여시 | 무변원자소당득 |
| **汝刹嚴淨亦如是**하니 | **無邊願者所當得**이로다 |

그대가 본 시방세계 가운데
일체 세계바다가 다 엄정하듯이
그대의 세계도 이처럼 엄정하니
끝없는 원력자願力者의 얻을 바로다.

대위광보살이 그동안 부처님의 세계가 아름답게 장엄한 것을 보았다. 따라서 대위광보살 자신의 세계도 이와 같이 아름답게 장엄하리라고 부처님은 인가하신다. 그 모든 결과는 원력으로 모든 중생을 교화하고 조복하리라는 뜻에서 출발하였다. 그 발심과 원력의 결과다.

(4) 이타利他를 찬탄하다

금차도량중회해   문여원이생흔락
今此道場衆會海가   **聞汝願已生欣樂**하고

개입보현광대승   발심회향취보리
皆入普賢廣大乘하야   **發心廻向趣菩提**로다

지금 이 도량의 대중바다가

그대의 원을 듣고 나서 즐거워하며

보현보살의 광대한 법에 다 들어가서

발심하고 회향하여 보리에 나아가네.

무변국토일일중   실입수행경겁해
無邊國土一一中에   **悉入修行經劫海**하야

이제원력능원만   보현보살일체행
以諸願力能圓滿   **普賢菩薩一切行**이로다

끝없는 낱낱 국토 가운데

다 들어가 겁의 바다를 지나면서 수행하여

모든 원력으로써 능히
보현보살의 일체 행원을 원만히 하였도다.

불교의 근본 목적은 이타利他에 있다. 그것을 보살행이라 한다. 남을 이롭게 하는 보살행을 하자고 해서 불교가 있다. 그러므로 일백 번을 성불하더라도 이타행을 하지 아니하면 그것은 불교가 아니고 외도행이다. 이타행을 하는 대표 보살이 화엄경에서는 보현보살이다. 부처님이 대위광보살을 찬탄하는 내용도 궁극에는 보현보살의 발심과 회향과 보리에 나아가게 하는 원력에 두었다.

5. 제4 부처님의 출현

1) 부처님의 명호

諸佛子야 彼摩尼華枝輪大林中에 復有佛出
하시니 號가 名稱普聞蓮華眼幢이니라

"모든 불자들이여, 저 마니화지륜摩尼華枝輪 큰 숲 가운데서 다시 부처님이 출현하시니 이름이 명칭보문연화안당名稱普聞蓮華眼幢이시니라."

경전의 기록으로는 비로자나 부처님의 전신인 대위광보살의 스승 부처님으로서는 마지막 부처님이 출현하신 것이다. 맨 처음 부처님이 출현하실 때는 세계 이름과 향수해와 산과 상서와 연꽃 출현과 대중 운집, 게송 찬탄 등등을 자세히 이야기하였으나 부처님의 출현이 반복되면서 차츰 설명이 생략되었다. 그리고 제10 부처님까지 차례로 출현하여 대위광보살이 일일이 스승으로 섬기며 법을 듣고 수행하며 부처님으로부터 인가와 찬탄을 받는 과정이 있어야 화엄경의 설법 의식에 맞을 것이다. 아마도 경전의 산일散逸이 있어서 이와 같이 생략되지 않았나 생각한다. 경문의 부족을 확연히 느끼게 한다.

2) 큰 천왕이 되다

是時에 **大威光**이 **於此命終**에 **生須彌山上寂靜**
시시   대위광   어차명종   생수미산상적정

寶宮天城中하야 **爲大天王**하니 **名離垢福德幢**이라
보궁천성중   위대천왕   명이구복덕당

 "그때에 대위광보살이 여기에서 목숨을 마치고 수미산 위의 적정보궁천성寂靜寶宮天城 가운데 태어나 큰 하늘의 왕이 되었으니 이름이 이구복덕당離垢福德幢이었느니라."

명칭보문연화안당 名稱普聞蓮華眼幢 여래가 세상에 출현하시고 대위광보살이 목숨을 마친 뒤에 다시 태어나 큰 천왕이 되었다. 이와 같이 보살은 생을 반복해 가면서 거듭거듭 다시 태어나 끊임없이 수행을 계속하여 비로소 비로자나 부처님이 되신 것이다. 이 또한 생명의 영원성과 불생불멸성을 잘 보여 주는 예라고 할 수 있다. 그러므로 비로자나 부처님만이 아니라 모든 사람 모든 생명이 한결같은 진여불성을 가지고 있어서 부처님과 동일하게 불생불멸한다.

3) 부처님께 공양하다

共諸天衆으로 **俱詣佛所**하야 **雨寶華雲**하야 **以爲供養**하니라
(공제천중)　(구예불소)　(우보화운)　(이위공양)

　　"여러 하늘대중으로 더불어 부처님 계신 곳에 나아가 보배꽃구름을 내려서 공양하였느니라."

비로자나 부처님의 전신인 대위광보살은 다시 이구복덕당離垢福德幢이라는 천왕으로 태어나서 수많은 천상의 대중들을 거느리고 제4 부처님께 나아가서 보배꽃구름으로 공양을 올렸다. 공양을 올리는 내용의 경문도 부족함이 많다.

4) 부처님이 경을 설하다

時_시彼_피如_여來_래가 爲_위說_설廣_광大_대方_방便_편普_보門_문徧_변照_조修_수多_다羅_라하시니 世_세界_계海_해微_미塵_진數_수修_수多_다羅_라로 而_이爲_위眷_권屬_속이라

"그때에 저 여래께서 대중들을 위하여 광대방편보문변조수다라廣大方便普門徧照修多羅를 말씀하시니 세계바다 미진수의 수다라로 권속을 삼았느니라."

부처님이 출현하시는 까닭은 깨달으신 내용을 설법하시어 중생들을 깨우치려는 것이 그 목적이다. 그러므로 제4 부처님도 경을 설하시게 되었다.

5) 삼매를 얻다

時_에 天王衆_이 聞此經已_{하고} 得三昧_{하니} 名普門
歡喜藏_{이라} 以三昧力_{으로} 能入一切法實相海_{하고}
獲是益已_에 從道場出_{하야} 還歸本處_{하니라}

"그때에 천왕의 대중들이 이 경을 듣고 삼매를 얻었으니 이름이 보문환희장普門歡喜藏이니라. 삼매의 힘으로 능히 일체 법의 실상實相바다에 들어갔느니라. 이러한 이익을 얻고 나서 도량에서 나와 본래의 처소로 돌아갔느니라."

부처님이 경을 설하시는 것을 들은 천왕의 대중들은 삼매를 얻고 그 삼매의 힘으로 일체 법의 실상의 바다에 들어갔다. 일체 법의 실상이란 존재의 진실한 모양이며 생명의 진실한 모양이며 사람의 진실한 모양이다. 모든 존재의 진실한 모양을 아는 것이 불교 공부의 목적이며 수행의 목적이라고도 할 수 있다.

사람의 진실한 모양은 본래로 부처님이라는 사실이며, 삶과 죽음이 또한 둘이 아닌 하나라는 사실이며, 텅 비어 공한 입장으로는 작은 먼지 하나 없지만 부유한 입장으로는 만행과 만덕을 본래로 소유하고 있다는 사실이다. 그 외에 일체 존재가 불생불멸不生不滅이며, 진공묘유眞空妙有며, 천변만화千變萬化며, 일체가 둘이 아닌 완전한 하나라는 것 또한 진실한 모양이다. 즉 일체 법성은 원융해서 두 가지 모양이 아니다.

천왕의 대중들이 이익을 얻고 나서 본래의 처소로 돌아갔다는 것은 천왕을 따라 수미산 위의 적정보궁천성에서 나와 부처님이 계신 곳으로 왔기 때문에 다시 천성으로 돌아간 것을 말한다. 그러나 그곳이 어찌 돌아가야 할 본래의 처소이겠는가. 일체 법의 실상 자리가 본래의 처소이다. 진실로 모든 사람 모든 존재는 일찍이 일체 법의 실상 자리를 한 번도 떠난 적이 없으므로 돌아갈 일도 없다. 아무리 왕복을 끝없이 거듭하더라도 동과 정은 언제나 하나이기 때문이다.

여기까지가 화엄경 7처 9회 39품 중에서 제1회 보리도량에서 설법하신 여섯 품의 경이다. 다시 요약하면 세주묘엄품과 여래현상품과 보현삼매품과 세계성취품과 화장세계품과 비로자나품이다. 보현보살이 회주會主가 되어 여래가 의지한 세계와 환경이라 할 의보依報에 대한 설법은 세계성취품과 화장세계품이 그것이다. 또 여래 그 자체인 정보正報에 대한 설법은 비로자나품이 그것이다. 1회 6품을 흔히 여래의 의정법依正法이라 한다.

비로자나품 끝

〈제11권 끝〉

華嚴經 構成表

分次	周次		內容	品數	會次
擧果勸樂生信分 (信)	所信因果周		如來依正	世主妙嚴品 第一 如來現相品 第二 普賢三昧品 第三 世界成就品 第四 華藏世界品 第五 毘盧遮那品 第六	初會
修因契果生解分 (解)	差別因果周	差別因	十信	如來名號品 第七 四聖諦品 第八 光明覺品 第九 菩薩問明品 第十 淨行品 第十一 賢首品 第十二	二會
			十住	昇須彌山頂品 第十三 須彌頂上偈讚品 第十四 十住品 第十五 梵行品 第十六 初發心功德品 第十七 明法品 第十八	三會
			十行	昇夜摩天宮品 第十九 夜摩天宮偈讚品 第二十 十行品 第二十一 十無盡藏品 第二十二	四會
			十廻向	昇兜率天宮品 第二十三 兜率宮中偈讚品 第二十四 十廻向品 第二十五	五會
			十地	十地品 第二十六	六會
			等覺	十定品 第二十七 十通品 第二十八 十忍品 第二十九 阿僧祇品 第三十 如來壽量品 第三十一 菩薩住處品 第三十二	七會
		差別果	妙覺	佛不思議法品 第三十三 如來十身相海品 第三十四 如來隨好光明功德品 第三十五	
	平等因果周	平等因		普賢行品 第三十六	
		平等果		如來出現品 第三十七	
托法進修成行分 (行)	成行因果周		二千行門	離世間品 第三十八	八會
依人證入成德分 (證)	證入因果周		證果法門	入法界品 第三十九	九會

(資料:文殊經典研究會)

會場	放光別	會主	入定別	說法別舉
菩提場	遮那放齒光眉間光	普賢菩薩為會主	入毘盧藏身三昧	如來依正法
普光明殿	世尊放兩足輪光	文殊菩薩為會主	此會不入定,信未入位故	十信法
忉利天宮	世尊放兩足指光	法慧菩薩為會主	入無量方便三昧	十住法門
夜摩天宮	如來放兩足趺光	功德林菩薩為會主	入菩薩善思惟三昧	十行法門
兜率天宮	如來放兩膝輪光	金剛幢菩薩為會主	入菩薩智光三昧	十廻向法門
他化天宮	如來放眉間毫相光	金剛藏菩薩為會主	入菩薩大智慧光明三昧	十地法門
再會普光明殿	如來放眉間口光	如來為會主	入剎那際三昧	等妙覺法門
三會普光明殿	此會佛不放光,表行依解法依解光故	普賢菩薩為會主	入佛華莊嚴三昧	二千行門
祇陀園林	放眉間白毫光	如來善友為會主	入獅子頻申三昧	果法門

如天 無比

1943년 영덕에서 출생하였다. 1958년 출가하여 덕흥사, 불국사, 범어사를 거쳐 1964년 해인사 강원을 졸업하고 동국역경연수원에서 수학하였다. 10여 년 선원생활을 하고 1976년 탄허스님에게 화엄경을 수학하고 전법, 이후 통도사 강주, 범어사 강주, 은해사 승가대학원장, 대한불교조계종 교육원장, 동국역경원장, 동화사 한문불전승가대학원장 등을 역임하였다.

현재 부산 문수선원 문수경전연구회에서 150여 명의 스님과 250여 명의 재가 신도들에게 화엄경을 강의하고 있다. 또한 다음 카페 '염화실'(http://cafe.daum.net/yumhwasil)을 통해 '모든 사람을 부처님으로 받들어 섬김으로써 이 땅에 평화와 행복을 가져오게 한다.'는 인불사상(人佛思想)을 펼치고 있다.

저서로 『법화경 법문』, 『신금강경 강의』, 『직지 강설』(전 2권), 『법화경 강의』(전 2권), 『신심명 강의』, 『임제록 강설』, 『대승찬 강설』, 『유마경 강설』, 『당신은 부처님』, 『사람이 부처님이다』, 『이것이 간화선이다』, 『무비 스님과 함께하는 불교공부』, 『무비 스님의 증도가 강의』, 『일곱 번의 작별인사』, 무비 스님이 가려 뽑은 명구 100선 시리즈(전 4권) 등이 있고 편찬하고 번역한 책으로 『화엄경(한글)』(전 10권), 『화엄경(한문)』(전 4권), 『금강경 오가해』 등이 있다.

대방광불화엄경 강설 제11권

| 초판 1쇄 발행_ 2014년 8월 27일
| 초판 3쇄 발행_ 2018년 4월 4일

| 지은이_ 여천 무비(如天 無比)
| 펴낸이_ 오세룡
| 편집_ 박성화 손미숙 정선경 이연희
| 기획_ 최은영
| 디자인_ 고혜정 김효선 장혜정
| 홍보 마케팅_ 이주하
| 펴낸곳_ 담앤북스
    서울특별시 종로구 사직로8길 34 (내수동) 경희궁의 아침 3단지 926호
    대표전화 02)765-1251 전송 02)764-1251 전자우편 damnbooks@hanmail.net
    출판등록 제300-2011-115호
| ISBN   978-89-98946-32-6   04220

정가 14,000원

ⓒ 무비스님 2014